経営理論のコツがわかる

「経営を勉強しよう」と思ったら読む本

Get the hang of management theory.
A book to read when you decide to study management.

霜田 眞
SHIMODA MAKOTO

幻冬舎MC

経営理論のコツがわかる
「経営を勉強しよう」と思ったら読む本

はじめに

「経営を勉強したい」あるいは、「跡継ぎに経営を学ばせたい」と思い、経営に関する書籍を探すことがあると思います。しかし、なかなか実際に使えそうな本にめぐり合うことはなく、書籍やネットの山と格闘することになります。また「会社を変革したい」と思い、改革を推進しても、社内の雰囲気が悪くなる一方ということもあります。理論と実践が結び付かないのです。

この本はそういう悩める皆さんのためにと思って書いた本です。

筆者が、企業改革活動を行ったときにも悩まされました。その活動では、社員満足が先か顧客満足が先かをまず話し合いました。その結果「一人ひとりがお客様の笑顔のために」というメッセージを掲げました。「社員の笑顔のサービスでお客様に笑顔になっていただき、社員も笑顔になる」という循環を目指したものです。改革には抵抗もありましたが、社員の納得感を大切に進め、共感を得ることができました。その体験から社員を大切にすることの重要さに気づかされまし

た。また理論的な裏付けの大切さと、それを実践するうえでの納得感・笑顔の大切さにも気づきました。ファシリテーションとコーチングの活用も有益でした。

　この本はこの活動をもとに連載したブログ「笑顔経営塾」を加筆修正して書籍にまとめたものです。筆者は、楽しい雰囲気の会社は業績も向上すると考えています。すべての人の笑顔を大切にするという前提で活動していけば、企業経営改革もうまくいくという思いを書籍にしています。

　この本の使い方は、起業家や就活生へのガイドとしてはもちろん、経営改善のための話し合い、あるいは若手幹部候補生の勉強会やセミナーのテキストにお使いいただくことが可能です。

　この本の構成は、第1章で現状把握からの事業変革の進め方を学び、第2章から第4章では事業変革で目指すべき「理想の経営」「理想のリーダー」「理想の風土」について学びます。第5章では、事業変革を具体化する戦略の策定と展開の方法を学び、第6章と第7

章では、戦略の重要な要素となるマーケティングと人事・研修について学びます。第8章は戦略の具体的な展開で重要な手法となるワークショップ、問題解決、意思決定について学び、第9章では経営改善の新しい流れと信頼される会社になるための内部統制を学びます。第10章では、外部に目を向けることの重要さについて学びます。

　まずは社員の笑顔です。よく話してわかってもらえれば笑顔になります。笑顔には伝播性があります。脳も喜びます。笑顔を振りまきましょう。

　経営でお悩みの経営者の方や経営を学びたい方が、本書で少しでも笑顔になっていただければ幸いです。

contents

はじめに ……………………………………………………………………… 3

第1章 現状把握と事業変革 …………………………… 11

1　現状把握〜経営診断と見える化 …………………………………… 12
2　事業変革〜成功のために …………………………………………… 15
3　原点回帰で事業変革から再成長へ ………………………………… 19

第2章 理想の経営 ……………………………………………… 23

4　経営品質の高い組織へ ……………………………………………… 24
5　学習する組織〜自ら進化し続ける ………………………………… 25
6　暗黙知を活かす〜強みを見つけ知識を創造する ………………… 28
7　理想経営の実践〜共感経営と響き合う組織 ……………………… 30

第3章 理想のリーダー ……………………………………… 35

8　理想のリーダー理論〜リーダーシップと戦略 …………………… 36
9　理想のリーダーの実現（育成と自覚とフォロー）………………… 37
10　理想のリーダー像〜人間力と熱い思いと励まし ………………… 42
（コラム）長所を見てますか〜徂徠訓 ………………………………… 47

第4章 理想の風土 ……… 51

11 理想の風土とは〜対話があふれ壁のない風土 ……… 52
12 理想の風土のために個人ができること ……… 58
13 理想の風土のために組織ができること ……… 67
14 すぐできることをする組織風土 ……… 74
15 ハラスメントのない組織風土 ……… 78
16 メンタルヘルスケアの行き届いた組織風土 ……… 82

第5章 戦略策定と展開 ……… 89

17 良い戦略の作り方と目標の実現方法 ……… 90
18 目標管理で促すこと〜いい行動といい習慣 ……… 96
19 戦略策定で重要なSWOT分析 ……… 100
20 戦略策定の方法
　〜イノベーション・デザイン思考・システム思考 ……… 102

第6章 マーケティング ……… 109

21 自分を知り、強化する ……… 110
22 顧客を知り、働きかける ……… 117
23 市場を知り、競合を知り、効果的な対策をとる ……… 126
24 戦略的な広報宣伝を行う ……… 136

第7章 人事と研修 ……141

- 25 人づくりの大切さ …… 142
- 26 戦略を実現する人事制度 …… 145
- 27 戦略を実現する研修 …… 154
- 28 キャリア開発とリスキリング …… 160
- 29 個人に焦点を当てる〜内省・経験学習・強い個 …… 163
- 30 上司の役割〜褒める、叱る、動機付け、感情に配慮 …… 168
- コラム 時間の贈り物 …… 177

第8章 ワークショップ・問題解決・意思決定 …… 179

- 31 いい会議とファシリテーション …… 180
- 32 ワークショップの企画と設計 …… 184
- 33 対立解消と問題解決を着実に行う …… 194
- 34 意思決定を迅速に行う …… 199

第9章 理想の経営のための経営改善と信頼される会社へ …… 205

- 35 経営改善の手法〜現場強化から新しい時代の変化まで …… 206
- 36 信頼される会社へ〜内部統制と失敗から学ぶ …… 217
- 37 理想の経営を支える部門 …… 222

| コラム | 損害賠償 ………………………………………… 228 |

第10章 外に目を向ける ……………………………… 231

38 外に目を向ける〜事業再構築とサステナビリティ ……… 232

39 外に目を向ける〜ベンチマーキング ……………………… 234

40 いいパートナー関係〜共に成長する ……………………… 236

41 倒産企業から学ぶ〜失敗しないために …………………… 238

42 伴走型コンサルタントを利用する
　〜自走できる経営のため ……………………………………… 241

用語解説 ……………………………………………………………… 244

参考文献 ……………………………………………………………… 245

参考webサイト（すべて本書発行時です） ………………………… 247

おわりに ……………………………………………………………… 248

第1章

現状把握と事業変革

この章では、現状把握と事業変革について学びます。事業を改革したいと思ってすぐに着手してもなかなか思うように効果が出ません。しっかりと現状を把握してから、その結果を踏まえて事業変革を正しい方向で進めるとともにその状況を把握する必要があります。この章では、現状把握に効果的な経営診断や見える化とともに事業変革の進め方を学びます。

1　現状把握〜経営診断と見える化

Ⅰ. 経営診断

　現状把握の手段としては、まずは経営診断をおすすめします。

　経営診断では、応急措置が必要なのか、長期的な体質改善が必要なのかの状態を見極めます。売上や利益が低迷している会社で、大胆な応急措置に目を奪われてしまうことは危険です。一時的な効果を上げることも必要ですが、長期的な視点でも改善点を考えます。

　経営診断では、財務分析が有効ですが、それに加えて、チェックシートで、経営課題を把握することが効果的です。チェックは網羅的に行うことが良く、決算数字だけでなく、経営体制、管理部門、営業部門、製造部門などに分けて組織の状態を把握します。該当する組織がない場合は機能をチェックします。

　チェック診断だけでは実態がわからないこともあるので、ヒアリングが有効です。経営者の方や幹部の方のお話を聴くといろいろと気づきが出てきます。思考停止や思い込みが見

つかるかもしれません。ホンネを聴き出せることもあります。表面的には把握できない本当の経営課題が浮かび上がることもあります。事業変革を進める場合には、幹部社員の改革を推進する能力も評価しておく必要があります。そういう意味でも、伴走型のコンサルタントをおすすめします。

　財務数値から経営改善に入るよりは、まずは経営診断をおすすめします。

Ⅱ. 見える化

　次におすすめするのが見える化です。

　見える化は、現状を把握するだけではなく、標準化、効率化にも有効なうえ、事業変革の効果把握も期待できます。現場だけでなく、会社全体の「見える化」で全社的な経営改善が見込まれます。

・管理部門の見える化

　管理部門は、処理プロセスの分析と標準化・電子化が有効です。どこの会社も同じような処理をしている分野ですので、クラウドサービスの導入も効果的です。筆者が導入した購買システムでは電子伝票の所在位置が把握でき、検収待ちを的確に催促して大幅に残業を減らすことができました。

・営業部門の見える化

　営業成績の数値化が大切です。また、ベストプラクティスという形で、営業成績の良い営業スタッフのノウハウを標準化して他の営業スタッフと共有することが考えられます。顧客変化も大切です。アンケートの活用やSNSの分析などで明らかにします。

・サービス部門の見える化

　クレームはその場対応になりがちですが、進捗状況を見える化することは、顧客サービスの第一歩です。アフターサービスをメニュー化することも重要です。対応のマニュアル化や監査体制も必要です。

・設計開発部門の見える化

　スケジュール管理、思考プロセスの見える化、トラブルの見える化、情報共有などが考えられます。開発者こそ、コミュニケーションの中から、顧客の満足につながる創造的なヒントを見つけてほしいです。

・製造部門の見える化

　QC工程表[※1]、作業標準書、重点管理点の設定、5Mの変化点[※2]の管理、モチベーションの見える化などがあります。有名なのは生産ラインの「アンドン（行灯）方式」[※3]です。このランプで稼働状況がわかります。

・見える化の推進は目的を持って

　見える化は組織的に継続的にＰＤＣＡ[※4]で実施することで効果が上がります。経営トップが主導する全社改革活動を目的として行う例もあります。目的を持って全社で徹底的に見える化を進めましょう。

参照：35 Ⅳプロセスマップ〜業務改善と連携強化、39 外に目を向ける〜ベンチマーキング

2　事業変革〜成功のために

　経営診断で見つかった課題や環境分析から理想の姿を描き、それに向かって事業変革を進めます。事業変革では変革を推進する部門が重要となります。中小企業では総務部門が期待されます。

Ⅰ．事業変革の概要

　環境の変化に対応し切れていない場合には、組織、風土などを抜本的に変革する企業変革が必要です。抵抗を防ぎながら変革を推進するステップが必要です。

・事業変革を成功させるチェックポイント

　事業変革が失敗しないチェックポイントは下記のとおりです。

1. 変革が必要な理由を明確にしないため、危機感が不足していないか。
2. 理想の姿、ビジョンがない、あるいはビジョンを作るだけで安心していないか。
3. 変革する体制がないため、日常業務に埋もれていないか。
4. 反対する者を放置していないか。
5. 成果を実感させずにいないか。
6. 風土まで定着させずにいないか。

・事業変革を成功させるステップ

変革の成功のためにはステップを踏むことが大切です。

1. 変革体制：変革を進める体制を最初に作ります。リーダーも決めます。
2. 現状認識：現状を認識し、評価し、問題点を洗い出します。ここでは、さらに危機意識の醸成、気づきなどが必要となります。
3. 方法：話し合いの方法を周知し、定着させます。その結果として、改革の方向性が生まれます。
4. ビジョン：改革のビジョンと実現へのストーリーが必要です。できたあとは、周知徹底する作業が必要です。このビジョンの作成段階では、社員を巻き込みましょう。
5. 実行：実行段階では小さな成功を積み重ねることも重視します。業務プロセスを選びその改革で成功することも効果的です。抵抗が生まれた場合は適切に対処する必要があり

ます。
6.風土定着：改革体質の企業風土を定着させます。改革を繰り返します。

Ⅱ. 強い総務〜企業変革のために

　新型コロナを機にハンコ出社（押印のためだけの出社）への批判など強く新しい総務が求められています。従来の役割を改革することも必要ですが、新しい役割を与え企業変革を推進しましょう。

・従来型総務からの脱却

　欧米では総務部は、バックオフィスのプロです。間接部門の中の経理、人事、システム、法務などに当てはまらない「残りものの仕事」のプロです。日本の従来型総務は逆に足を引っ張る存在のこともありました。近年は全社に影響力の大きいことが見直され、プロ意識を持った「強い総務」「攻めの総務」「戦略総務」など、総務のあり方を変えようとする動きがあります。遅れがちな分野だけに、大きい改革の効果が期待されます。

・総務のチェックポイント

　総務の問題点チェックポイントは次のとおりです。
1.業務を処理できればいいと思われていないか。

2. 経営陣は総務に関心があるか。
3. 非効率でも放置していないか。
4. 総務が「処理してあげる」という立場になっていないか。
5. 気まぐれで好き嫌いがあり、社員を支配する「強い総務」となっていないか。

・従来型総務の役割の改善ポイント

従来型総務にもプロ意識を持った改革は必要です。

1. 備品・消耗品の購入：徹底したコストダウンと手配の簡易・迅速化がポイントです。
2. 社内イベント：社内活性化を目的とし、参加する社員が楽しめるように企画します。
3. 人事労務管理：休暇申請などの事務の簡素化をします。
4. 契約管理・文書管理：専門的なチェックと契約のペーパーレス化をします。
5. 防災セキュリティ：地震・火災対策から異常気象や感染症に重点を移します。
6. 福利厚生：働き方改革に対応します。
7. 電子帳簿保存法：電子での経理証憑(しょうひょう)の保存が義務づけられています。
8. 社内サービス：社員が顧客であるという意識改革をします。

・新しい総務の攻撃的な役割

経営陣が積極的に関与し、目標を持って取り組みましょう。

1. 会社全体の生産性向上とIT化、DX推進
2. 会社の制度全体の改革推進
3. 企業文化・企業風土の醸成
4. 会社のイメージ向上、ブランド化
5. 株主との関係強化
6. 経営陣と現場とのパイプ役

3　原点回帰で事業変革から再成長へ

　低迷時の事業変革のためには、原点回帰が効果的です。起業の原点に立ち返り、自分たちの本質的な強みを再構築して、再成長のために、未来戦略を作ります。

・起業の原点に帰るとは

　そもそもビジネスは、何かを始めようと思って起業をしているはずです。そのときには、「製品をお客様に届けたい」「サービスを提供して喜んでもらいたい」「料理を味わってもらいたい」などの思いがあったと思います。そこには、起業への思いや自分たちのコアとなる技術、特徴、優れている点などがつまっています。採算計画もあったはずです。それを思い起こすことです。

・起業の原点に帰るメリット

　以下のとおり起業の原点に帰るメリットがあります。

1. 起業時には思いがつまっているので、情熱とともに思い起こすことは重要。
2. 起業の理由の中に、その起業の「強み」が含まれている。
3. その起業の原点となる「顧客」が誰かがわかる。
4. 現在と比較することで、環境の変化を再認識できる。
5. 時代の変化に対応できていないことがあれば、それに気づかされる。

注）起業時とは別に最盛期がある企業は、最盛期の振り返りも重要です。

　以下のステップで起業時や最盛期を振り返って戦略を作りましょう。
1. 創業者の話を聞くなどして、起業時の思いや強みを振り返り分析する。

注）創業者の思い込みやこだわりは排除して洗練すべき場合もあります。

2. 最盛期の強みを振り返り分析する。
3. 起業時や最盛期と比較して、現状と環境の変化を分析する。
4. 起業時の思いや強みを、環境の変化に適合させた形で再設定する。
5. 現在にふさわしい新しい目標を作る。

・**事業変革で新しい未来を**
　事業変革では企業の持つ本質的な強みをしっかりと把握することが大切です。この強みをどう活かすのかで、未来が決まってきます。また、現状を分析することで、この強みをど

う活かせばいいのかも見えてきます。未来のために原点に帰るのは、大切でないものを捨てる勇気を持つことでもあります。原点回帰と現状分析で、新しい未来のために、戦略を作りましょう。

第2章

理想の経営

この章では、理想の経営について掘り下げます。事業変革で経営者が目指すべき姿を明確にして、どのように経営品質を高め持続的な成長を実現していくかを考えます。理想の経営の実現に関するヒントを学びます。

4　経営品質の高い組織へ

　会社経営の品質向上のためには、品質の観点から課題をあぶり出し、理想の姿・高い目標の達成に向けて取り組むことが大事です。リーダーが率先してワークショップ、対話会などを通じて、経営品質の向上を図り、組織風土として定着させます。

・経営品質とは

　さまざまな手法がありますが、筆者は日本経営品質賞の枠組みを参考にしています。日本生産性本部のサイトによると「この『組織プロフィール』を踏まえて、現在の経営の状態を把握し、例えば、研修を実施していてもあまり効果が上がっていないのであれば、研修内容の見直しを行う、あるいは、会議は頻繁に開催していても議論が停滞気味だとすれば、会議スタイルや対話の仕方を変えてみるなど、改善を図っていきます。これが『経営品質』におけるアセスメントであり、経営革新、イノベーションへの取り組みです。これを繰り返すことにより、『卓越した経営』に近づいていきます。」ということです。自分自身を振り返るアセスメントをしながら、着実に向上するのが基本です。

・目標の設定と推進

　まず、経営の目標設定から始めます。現状の課題解決に目

を奪われると、高い目標を設定することができません。以下の手順で経営品質を意識した理想の姿を経営理念に設定し、同時に理念を実現する高い目標を設定します。
1.理想の姿と目標(経営品質の理念と重視する考え方を反映させる)
2.経営環境分析、環境の変化
3.SWOT分析
4.個別の課題、目標

・経営理念の現実化を進める

　経営品質向上には経営理念の現実化が大切です。納得感を高めるためにもワークショップなどを通じて、経営品質の基本理念などを落とし込んでいきます。この活動をPDCAで繰り返し改善しながら組織風土として定着させることで、組織能力が高まり、社員やお客様の笑顔にもつながります。

5　学習する組織〜自ら進化し続ける

　学習する組織とは、組織メンバーが学び合い、共有することにより、変化に柔軟に適応し、進化し続ける組織です。筆者は理想の組織のあり方だと考えています。

・学習する組織を目指す理由

　学習する組織が目指しているのは、厳しい環境の変化に対

応して生き残るために学習し続ける組織です。人間は学習で成長しますが、組織が学習で成長すると考えるとわかりやすいです。組織の中に「知」が創造され蓄積されます。

・5つの原則

　ピーター・M・センゲは『学習する組織』で5つのディシプリン「自己マスタリー」「メンタル・モデル」「共有ビジョン」「チーム学習」「システムシンキング」を示すとともに、「ディシプリンを実践することは手本に倣うこととは違う。」「彼らはみな部分をみてその部分をまねる。彼らが目を向けないのは、すべての部分がどう連携しているかです。」「5つのディシプリンが一つにまとまったとき、究極の『学習する組織』ができるのでなく、むしろ実験と進歩の新たなうねりを生み出すだろう。」と記しています。

　以下は筆者の解説（私見）です。

1. 自己マスタリー：自分のスキルだけでなく人生と一体化して成長を目指します。
2. メンタル・モデル：自分の固定観念を明らかにして行動を改善します。
3. 共有ビジョン：個人ビジョンから生まれる全員が目指すビジョンを共有・実現します。
4. チーム学習：対話で学習を引き出し、チームの高い能力を作り出します。
5. システムシンキング：問題が複雑に絡み合うことを認識し

て考えます。
「既存のものから学ぶ」のではなく、チームの学びを「生成する」ということです。

［代表例］
　根本孝著『ラーニング組織の再生』では、「ラーニング組織としての3社（トヨタ、ホンダ、日産）の特徴を分析し、3社3様のラーニング組織の類型を分析」しています。同書では、「継続改善型のトヨタ」「夢追求型のホンダ」「危機突破型の日産」と位置づけられています。たしかに日本では現場の一人ひとりが学び、改善する意欲が高く、それが企業そのものの成長に結び付いています。また、同書では学習しない組織の代表として、「官僚制組織」「大企業病組織」を挙げています。頭が固いとか縦割りだとか、いわれるような会社には、学ぶ文化は根付いていないんでしょう。

・ダイアログ（対話）
　学習する組織を実現するうえでは、ダイアログが有効です。対話（ダイアログ）を通して、かかわり合いを築き、情報を共有し、学びを深めていきます。従って、ダイアログの場を設定していくことが大切ですし、その場でのファシリテーションも大切です。

6 暗黙知を活かす
〜強みを見つけ知識を創造する

・暗黙知とは

　頭ではわかっているのに言葉で伝え切れないことがあります。暗黙知は「経験や勘、直感などに基づく知識」「簡単に言語化できない知識」です。日本企業の文化にもなっています。「名人のコツ」のような技能的な意味合いと、言葉にしにくい「感情のようなもの」「思い」「世界観」を意味することがあります。昔の職人は「俺の背中を見て覚えろ」と言ったとか。転職が当たり前の時代になると、暗黙知の継承・活用が大きな課題となります。「個人の暗黙知」が「組織共有の形式知」になっていないと活かし切れていないことになります。ベストプラクティスには暗黙知があるはずです。その企業の強みが隠れているかもしれません。

・暗黙知から知を創出するSECIモデル

　暗黙知を言葉にする過程には発見も生まれます。野中郁次郎先生はSECIモデルで、暗黙知を形式知で共有するだけでなく、新たな知の創造を提唱しました。野中郁次郎・竹内弘高著『ワイズカンパニー』によると「SECIモデルとは、暗黙知と形式知についての洞察をもとに、われわれが考案したイノベーションのフレームワークのことである。」としています。

1. S（Socialization共同化）
2. E（Externalization表出化）
3. C（Combination連結化）
4. I（Internalization内面化）

・暗黙知から知を創出する方法

　以下のとおり暗黙知から知を創出しましょう。これが実践できればまさに「学習する組織」です。
1. 組織として取り組むビジョンを掲げる。
2. 暗黙知を洗い出す。
3. 共有することで、さらに創造する場を設ける。
4. フォローと発展継続、繰り返し。

・暗黙知の変換が成功するためには～実践と伝承

　暗黙知への変換が成功するために注意することとして、以下が挙げられます。
1. 暗黙知の大事な要素が漏れないように注意して受け取るレセプターを持つ。
2. 机上で学ぶことには向いておらず、なるべく実践で学ぶ。
3. 他者との相互作用も含めて、新たな知の学びが発展するようにする。
4. 暗黙知のまま伝承することも検討する。
5. 学びのためには「指導のもとでの経験」が効果的である。

7　理想経営の実践
　〜共感経営と響き合う組織

　理想経営の実践として、共感経営と共感し響き合う組織を推奨します。

Ⅰ.共感経営

　共感を大切にする経営は、お客様との共感や社内での共感を大切にします。この経営が必要な理由は「共感がお客様を大切にして価値を創造し、社内の結束を強め、お客様が共感で選ぶようになる」ことです。共感を大切にする経営で新しい価値を創造できます。

・「共感を大切にする経営」とは
「共感」は、「他者の感情の理解を含めて、他者の感情を共有すること」ともいわれ、理解と感情の2つの要素があるともいわれます。共感を大切にする経営は、お客様との共感や社内での共感を大切にする経営です。

・共感を大切にする経営が必要な理由
　共感を大切にする経営が必要な理由は以下のようになります。
1.人間はどうしても感情で動いてしまうものです。

2.お客様があって初めて商売が成り立ちます。
3.共感は倫理であり、相手のためにならない施策はとれなくなります。
4.お客様が喜ぶものを生みたいという気持ちが、新しい価値を創造します。
5.社員の共感を大切にすることで、社員に心理的安全性[※5]が生まれます。
6.「製品の開発ストーリー」や「起業の思い」などでお客様に共感してもらうことが効果的です。
7.SNSで簡単に共感することと、拡散ができるようになりました。

・共感を経営に活かすためには
　共感を経営に活かすためには以下の手順が考えられます。
1.お客様と共感できる商品、サービスを提供する。
2.共感する本質的な原因を突き止める。
3.より共感できる商品、サービスを開発する。
4.お客様が共感できるストーリー、理念、コンセプトを提供する。
5.社内の戦略実施において、共感できる進め方をする。

・共感マーケティング
　共感マーケティングとは、ユーザーが共感できるような取り組みを行い、売上やブランド力の向上を狙うマーケティン

グ手法のことです。SNSが普及し「どの商品を買うか」よりも「誰（どこ）の商品を買うか」が重要視されています。ブランドを形成するストーリーなどから生まれる共感が購買のきっかけになることが増えています。企業ブランドとしての共感が得られると、認知拡大の効果もあります。「いいね」「シェアしたい」という感情を呼び、SNSで拡散されるからです。

Ⅱ. 共感し響き合う組織

　組織は社長とその仲間たちから始めることが多いと思います。小さい組織のうちは、その仲間の結束や響き合う関係性が維持されますが、組織の成長とともに、維持することが難しくなります。組織を改善するときに目指すのは、最初の仲間たちが持っていた「共感し響き合う」関係性です。たとえば、「一人一人が経営者の意識を持ってもらいたい」とか「経営目標に向かって一丸となってほしい」という経営者が思うようになるのは、組織が大きくなって見えにくくなっている証拠です。社員が歯車のような感覚となり、会社では100％の力を出さなくなります。経営者や幹部社員は、社員との対話に時間を惜しまず、経営理念、経営目標を語り、組織全体に「共感し響き合う」ことを目指しましょう。「共感し響き合う」関係性ができれば、組織は一体となり、最初の頃の情熱、モチベーション、機動性や瞬発力などを取り戻せると思

います。良い感情を交換し合いましょう。

第3章

理想のリーダー

この章では、理想のリーダーについて学びます。理想の社長であり、理想の上司でもあります。理想のリーダー像・リーダーシップ行動についてはさまざまな理論が語られてきました。実践する立場では、その会社にとって最適なリーダーが必要になります。組織は、戦略を起点にしたリーダー像を明確にしてリーダーを育成する必要があります。

8　理想のリーダー理論
　～リーダーシップと戦略

　組織には、社長から、部長、課長、チームリーダーまで、それぞれリーダーがいます。それぞれとるべき行動が異なります。育成には理想の経営幹部像も理想の課長像も必要です。理想のリーダー像として、最近では部下に奉仕する関係性のサーバント型が推奨されています。人的資本経営の中で、組織は、戦略実現のためのリーダー像を明確にして、経験学習の観点からリーダーを育成する必要があります。

・実践知・賢慮型リーダーを笑顔で実践することを推奨

　野中郁次郎教授は著書『賢慮のリーダー DIAMOND ハーバード・ビジネス・レビュー論文』などで「フロネシス」（アリストテレスの賢慮、実践的知恵、実践的理性）を備えたリーダーを推奨しています。

　筆者は実践を大切にする野中先生の理論に賛同しています。良い目的を作り、場を醸成し、本質を洞察し、具体と普遍を交換し、状況から矛盾を止揚し、実践知を育成します。笑顔経営塾は、笑顔で理想のリーダー像を実現することを提唱しています。理想のリーダー像を実現するためには、厳しいことも、困難なことも乗り越える必要があります。そういうときに笑顔を合い言葉に理想のリーダーとともに理想の職場を作るのがいいと思っています。

・リーダーシップ行動

　リーダーシップ行動には以下の点が必要です。
1. ビジョン・理想を語る、思いを自分の言葉で語る。
2. 個を活かした明るいチームを作る（リーダーの笑顔が効果的です）。
3. 部下に命令するのではなく、対話で把握し、動機づける。
4. 日常の経験から学び続け、経験を伝える。
5. 大胆な変革に挑戦する。

9　理想のリーダーの実現 （育成と自覚とフォロー）

Ⅰ. リーダー育成

　リーダー育成では、組織のビジョン・戦略を実現するためのリーダー像が必要となります。人事制度の中にビジョン・戦略の実現と一体化させたキャリア開発計画を作成します。キャリア開発は評価制度と一致させます。リーダーはこの仕組みの中で選抜、育成します。さらにその中から経営幹部を選抜・育成します。

　育成メニューでは以下のポイントをおすすめします。
1. ビジョン・戦略を理解してもらう。
2. 経験しながら学び続けさせる。
3. 先輩指導者から助言・指導させる。

4. 現場を知り、現場で働く社員の気持ちを知る（人間味が必要です）。
5. 笑顔と共感の大切さを知る（まじめすぎると部下が付いてこない）。
6. 部下と良好な関係を築き、部下を育てながらチームを強くすることを学ぶ。
7. 命令で動かそうとすれば、面従腹背となり、動機づけすれば、自発的に動くことを学ぶ。

参照　29　Ⅱ.強い個を育てる～強いチームとなるために

Ⅱ.リーダーの自覚～裸の王様にならない

　社長には独善的になる傾向と、部下の忖度があります。社長自らが変わる取り組みが大切です。対話を増やし、直言する人がいるかチェックし、部下との信頼関係を築きましょう。ホンネをぶつけ合い、疑う力を持つことで組織のチーム力を向上させます。

　忖度の多い日本の社長は、ゆでガエルのように知らず知らずのうちに裸の王様になる宿命を持っています。周囲も含めこの現象に全く気づかないことがこの問題を難しくします。

・地位が人を変えてしまう

　地位が上がると人が変わってしまうのは必然かもしれません。

1. 成功するまでに持っていた謙虚さを失う。
2. 地位を守ろうとする。
3. 成功は過去のことだと気づかない。
4. 社長らしく振る舞おうとする。
5. 現場を見る機会が減る。
6. 周りがイエスマンまたは面従腹背になっていることに気づかない。

・社長が変わるために自らできること

以下の方法で社長が自ら変わりましょう。

1. 自ら変わろうとする意識と取り組み

社長自らが変わろうとする意識を持ち、その取り組みを継続することが大切です。PDCAで振り返りの機会を持ち、反省と改善を繰り返します。

2. 日頃の心がけ
 (1) 自分の性格：短所を知り注意する。
 (2) 内省：常に自分の行動や言葉を振り返る習慣を付ける。
 (3) 観測気球：ときどき部下のホンネを聞く機会を持つ。
 (4) 信頼：部下を信頼する。権限委譲も心がける。
 (5) 謙虚な対話：ホンネを謙虚に聞く対話を常に心がける。

3. チェックするポイント
 (1) 耳の痛い意見を言う部下・第三者はいるか。
 (2) 日頃から意見を集める工夫をしているか。
 (3) 自分の発言や行動に驕りはないか。

（4）権限を委譲しないですべて自分で決めていないか。
（5）失敗や弱点から目をそむけていないか。
（6）自己開示で自分の弱みも見せているか。

Ⅲ. 理想のリーダーをフォロー
　　～部下がリーダーを変える

・部下のサポートが不可欠

　理想のリーダーの実現のためには部下のサポートは不可欠です。以下は部下に求められるスキルです。

1.直言する勇気を持つこと
2.対話の数を増やす提案をすること
3.現場の声をしっかり把握して伝えること
4.上司の気持ちを理解すること
5.ワークショップ＝リーダーズインテグレーションの提案

・リーダーズインテグレーション

　ワークショップで行うリーダーズインテグレーションでは、リーダーの期待することと貢献できることとともに、部下の期待することと貢献できることを明らかにし一致させることを目指します。普段はなかなか言えないことも含め、思い切ってホンネを交換し合う良い機会です。ファシリテータが場を盛り上げ、ホンネをいかに出させるかが決め手です。手順は以下のようになります。経営幹部で実施し、戦略展開

のためにホンネをぶつけ合うと効果的です。良好な関係を築きましょう。

1. 主催者・ファシリテータから趣旨説明
2. リーダーから挨拶　自己紹介と目標などを語ってもらう（リーダーの期待）
3. リーダー退席
4. 「部下たちの期待」の書き出し
   ・話し合い　・リーダーになってほしい姿
   ・リーダーにしてもらいたいこと（部下の期待）
5. 「部下たちの貢献」の書き出し
   ・話し合い　・部下たちが貢献できること（部下の貢献）
   ・部下たちがリーダーのためにできること（部下の貢献）
6. リーダーのみ入室、部下たちが退席
7. ファシリテータがリーダーに結果を説明
8. 全員入室後、リーダーからコメントや回答（リーダーの貢献）
   お互いに実行できることを確認し合う
   ファシリテータが総括する
9. 懇親会

10 理想のリーダー像
～人間力と熱い思いと励まし

Ⅰ.人間力～魅力あるリーダー

　人間力は「人間的、人格的な総合力」であり、魅力ある人ともいえます。リーダーには「仕事力」「人間力」「リーダーシップ」が必要です。行動では、「高い理想」「信念」「情熱」「日々の行い」「周囲への配慮」が挙げられます。人間力は中小企業の経営にとっても大切です。自分の失敗も話せる気取らない上司には部下が付いていきます。

・人間力のあるリーダーの育成

　人間力は、リーダー教育に取り込みます。リーダーには、「仕事力」と「人間力」が必要で、これらが「リーダーシップ」とともに発揮されると考えることができます。
「一皮むける」経験で人間力が飛躍的に成長することがわかっています。たとえば、「初めての管理職」「初めての海外勤務」などの前向きな経験もあり、逆に「業務再構築」「降格・左遷」など「修羅場をくぐる」ことも「一皮むける」体験です。

・人間力を要素で考える

　人間力は「総合的な力」であり、以下の要素を総合的に発

揮します。
1. 達成する力：目標に向かって仕事を最後まで達成する力
2. 率いるリーダーシップ：共通の目標を掲げて、グループを率いる力
3. ストレスに耐える力：さまざまな障害やストレスを乗り切る力
4. 戦略を考える力：チームの方向性を総合的・戦略的に計画する力
5. コンセプチュアル・スキル：本質を見極め、可能性を最大限まで高める力

・人間力を包括的に考える

人間力を包括的なものだと考えて定義すると以下のようになります。
1. 人の話をよく聞く人：相手を承認し公平に接し、視野を広げます。
2. 他者をリスペクトする人：相手を承認したり尊重したりします。
3. 他者のために行動する人：私利私欲でなく、他者優先で貢献します。

・人間力を高める行動

以下の方法で人間力あるいは魅力を高めましょう。何よりも笑顔です。

1.限界を持たずに、高い理想を持って「思い」を伝える。
2.ゴールに向かってぶれない信念を持ち行動する。
3.情熱と強い意欲を示し、周囲を巻き込む。
4.日々の行いで努力を示す。
5.周囲に感謝・利他・貢献を忘れない。
6.えこひいきをしない。

Ⅱ.熱い思いを伝える

　経営には「思いを伝える」べき場面はたくさんあります。経営者だけでなく、皆がこれを大事にすることで、納得感が生まれて革新行動に変わります。「対話」の中で「自分の言葉で思いを伝える」べきで、「思いを発信する」「意見を引き出す」「よく聴く」の3点を心がけ、「熱い思いを伝える」ことを目指します。

・思いを持つこと
　会社には理念、目標、ビジョンがあります。パーパス経営では「パーパス」を持つことが大事といわれています。パーパスは、「会社の思い」「経営者の思い」ともいえます。その「熱い思い」をしっかりと明確に持つことがまずは大事です。

・思いを伝えること
「思い」を伝えるときは対面で「話す」ことをおすすめしま

す。「掲示」は言語によるコミュニケーションになりますが、「話す」場合には、言語以外のコミュニケーション手段が同時に使われます。聞いた人が「社長本気だな」「部長やる気出してるな」のような受け止め方が、「話す」場合には伝わります。顔の表情、声の出し方、身振り手振りなどです。メラビアンの法則を思い出してください。

・「思い」の伝え方
「思いを伝える」ことはできていないことが多く、「事実」を伝えるだけで終わってしまいます。たとえば、「今年の目標は〇〇です。」「新しいやり方は〇〇なので〇〇してください。」のような伝達型になります。受け取るほうも、「はいはい」「また始まった」と感じます。「情報共有」と称して、掲示さえすれば伝わると考えてはいないでしょうか。

「思い」は実現したいわけですから、話す本人が「思い」に共感するとともに、それを自分の言葉で話し、さらに相手に「共感」してもらう必要があります。

　思いを伝える人の「伝え方」も大事です。「社長が言ってるから」とか「会社のためだから」などと伝えるのはいけません。「会社の方針は〇〇だが、自分もこう思う」というのが正しい伝え方です。部長なら、「私はこの部をこうしたいんだ」という「思い」です。リーダーシップのあり方にもかかわります。

Ⅲ.励ます

　励ましは「動機付け」につながります。重要な経営資源である社員の「動機付け」はとても重要です。しかし励ましが「外発的動機付け」になれば逆効果になります。励ますときにも「内発的動機付け」として、大きな目的に向かって自律性を持って熟達することを指導することが重要です。タイミング良く、いい言い方で励ませば「やる気」につながります。リーダーの重要な役割であると同時に、励まし合うことを組織全体の風土として定着させたいものです。

・タイミング良く励ます
1. 迷っているとき
2. 自信をなくしているとき
3. 落ち込んでいるとき
4. 自分を見失っているとき
5. 周囲から信頼を失いかけているとき

・内発的動機付けとなる励ましの方法
1. 相手のいい点、強みについて自信を持って伝える
2. 相手ががんばった点を評価する
3. 相手を信じていることを伝える
4. 相手には可能性があることを伝える
5. 相手を熱くサポートすることを伝える

6. タイミングを逃さないように伝える
7. 自分の強さや決意に気づかせる
8. 背中を押す

参照　30　Ⅲ.モチベーションアップ

長所を見てますか～徂徠訓

『徂徠訓』をご紹介します。荻生徂徠は江戸時代の儒学者です。筆者はこの言葉に出会って、「自分は全くできていない」と心に残りました。すべての上司に必読です。

「一、人の長所を初めより知らんと求むべからず。人を用いて、初めて、長所の現はるるものなり。」
　仕事をさせてみると、気づかなかったいいところが見えてきます。

「二、人はその長所のみを取らば、即ち可なり。短所を知るを要せず。」
　長所を「褒めて伸ば」します。短所を直そうとすると、長所がなくなるということもあります。

「三、己が好みに合う者のみを用ふるなかれ。」
　自分に反対する人を味方にするぐらいの度量がほしいです。社長の周りをイエスマンで固めた会社は危ういです。

「四、小過を咎める用なし。ただ事を大切になさば可なり。」
　たとえば誤字脱字などではなく、一番伝えたい内容が読んだ人に伝わるかという目で見る必要があります。

「五、用ふる上は、その事を十分にゆだぬべし。」
　信頼して任せたほうが育てるうえではいいです。「責任はとるから」と付け足すと、さらにいいです。

「六、上にある者、下の者と才智をあらそふべからず。」
　部下と張り合うのはやめましょう。どんな案でも上司がそれより「いい案」を出すというのは、部下のやる気をなくさせます。

「七、人材は必ず一癖あるものなり。器材なるが故なり。癖を捨つべからず。」
　個性ある人の集まりが強い組織です。有能な人こそ癖があります。多様性の時代です。

「八、かくして、上手に人を用ふれば事に適し、時に応ずる人物、必ずこれにあり。」

このように人をうまく活かせば、大事なときに才能を発揮して、変化にも対応し、これに応える人が出てくると言っています。人材育成の基本方針にしたいです。

「九、小事を気にせず、流れる雲のごとし。」
　長期的な視点で育てるというのは大事です。多様性の現代にこそ使える教訓です。

第4章

理想の風土

この章では、理想の風土について学びます。理想の経営状態は、その企業の風土として定着させることが理想です。また、どんな風土にしたいかを考えることで、自分が実現したい理想の経営の状態が具体的になります。風土化する施策がないと、事業変革は継続しないで失敗することが想定されます。

11 理想の風土とは
～対話があふれ壁のない風土

Ⅰ.いい対話～対話改善とリーダーの役割

　対話は気楽にまじめに意見を出し合うことで意味の共有をもたらします。リーダーは率先して、いい対話といい会話があふれる理想の職場を作りましょう。

・**対話の改善**
　会話は方法によっては逆効果になります。義務的に伝えたり、指示だけをしたりするのは、会社の雰囲気を悪くする元凶になります。またネガティブな言葉を禁じるのも効果的です。「どうせムリだ」「そんなのできない」などです。とくに非言語メッセージが重要です。「しかめっ面」「ふてくされ顔」「無関心」です。相手に悪い印象を与えてもいけませんし、相手の気持ち（不同意、反発など）が表れたら見逃してはいけません。良い感情が行き交う対話で社風が変わります。

・**理想の「いい対話」**
　対話をする場合に以下を心がけると改善されます。
1. 考え方を持って対話をする：自分の考えがあるとぶれない。
2. 目的・思いを共有する：共通の思いがあると語り合える。
3. 2種類の対話を使い分ける：意見交換をする対話と、課題

を決定する対話。
4. 対話のベースを作る：対話の前にベースとなる情報を発信しておく。
5. 対話で相手から話を引き出す：仕事をやる理由リストなどを使用して考えさせる。
6. 感情のこもった前向きな言葉を使う：「思いっ切り」「できる」「いいね」など。
7. 非言語メッセージでは、笑顔で良い感情を交換し合う。

・リーダーの役割
　リーダーが対話の改善で果たす役割は大きいです。
1. 気軽に対話を起こし対話の場を設置する。
2. 不満を内発的動機に変える。
3. ホンネを聞き、ホンネで語る。
4. 感情に配慮し、明るい対話にする。
　良い対話を繰り返すと「内発的動機」が生まれます。とにかく、良い「対話」を数多く作るのがリーダーの役割です。

・いい対話、いい会話があふれる理想の職場
　笑顔経営塾では、楽しい雰囲気の会社は業績も向上すると考えています。組織は生き物であり、「大量の会話の海」ともいえます。「対話」の精神をすべての会話に活かすことが必要です。挨拶一つから、電話の取次ぎから、あらゆる場面でお互いを認め合う関係性作りができます。熱い思いを語る

対話も含め、いい対話、いい会話があふれるのが、理想の職場です。くだらない冗談で場をなごませるのも good job です。

・場を意識的に作る～知を創造する組織
「対面で話す場」では、新たな知を生み出すこともできます。適切な場を作り、経営者の思いを伝えるとともに、知を創造する組織にしましょう。

・なぜ「場」を大切にするのか
　場、とくに対面の場を大切にする理由は以下のようになります。
1. 伝える人の熱意・思いも伝わりやすくなります。
2. その場の空気や雰囲気を共有すると、共感しやすくなります。
3. 反応がわかるので、質疑で補足もでき、お互いに満足度が高まります。
4. あらかじめ準備し仕掛けを作ることで、成果が高まります。
5. 話し合いから新たな知が生まれます。改善の場とすることもできます。

・場の役割
　場の役割は以下のようになります。
1. 企業理念・目標などについて思いを持って伝えます。

2. お互いの意見を出すことにより、理解度や共感が高まります。
3. 伝わらないという事象がある場合は、「場」を設けることで、伝えてもらいます。
4. チームとして一体感を生むことも可能です。
5. 解決策を作り出したりして、新たな知を生み出すことができます。

・「場」で知を創造する組織とするために

　一つ一つの場を大切にすることで知を創造する組織とすることができます。その場を、双方向の話し合いとすることと、経営者や上司の思いを伝えることが大切です。適宜ワークショップを企画することが有効です。
参照　32　ワークショップの企画と設計

Ⅱ．見えない壁〜壁のない風土作り

　会社では「縦割りの壁」「上下の壁」「風土の壁」「心の壁」が弊害となっています。壁に気づくことが大切です。壁のない風土にしましょう。

・見えない壁の種類と原因

　会社の中のできる壁は「縦割りの壁」「上下の壁」「風土の壁」「心の壁」があり、以下のように分類することができます。

1. 縦割りの壁：「A部は何もわかってない」とB部が批判する、などの現象です。
2. 上下の壁：上司と部下、現場と幹部、正社員と契約社員とパート社員の間で発生します。
3. 風土の壁：書類主義、規則主義、過去の成功体験、保守・安定志向などです。
4. 心の壁：発生する態様は、自己保身、面子、恥、肩書き、学歴、思い込み、認識のずれです。

・世代の壁

人にレッテルを貼るのは良くないのですが、一般論として、世代の違いによって、ある程度の特徴づけが行われることがあります。
1. 団塊の世代
2. 昭和世代
3. バブル世代
4. 氷河期世代
5. ゆとり世代、ミレニアル世代
6. Z世代

・上司と部下の壁を感じるとき

上司と部下の壁は以下のように必然的に発生します。
1. 率直な意見
上司は意見を言ってほしいと思い、部下は意見を聞いても

らえないと感じる。
2.経営戦略・事業計画
　上司は経営目線で考えてほしいと思い、部下は現場目線で考えてほしいと感じる。
3.主体性
　上司は主体性を持ってほしいと思い、部下は任せてほしいと感じる。

・見えない壁を取り払う対策
　壁を認識することから対策は始まります。壁をよく分析して、その壁に応じた対策をとるのが基本です。ハード的な対策とソフト的な対策に分けることができます。リーダーの役割も重要です。ワークショップなども利用し、壁を取り払いましょう。

1.ハード対策
（1）組織をフラット、シンプルにして壁を作りにくくする。
（2）調整機能を持つ組織あるいは職位を作る。
（3）調整の場を作る。組織横断の会議体を作って調整を推進する。
（4）調整のための「対話会」「小集団活動」などを取り入れる。

2.ソフト対策
(1) 社員の関係性向上を目的として、飲み会、旅行、スポーツイベントなどを企画する。
(2) 一体化のための理念を作り、浸透させる。たとえば「協力し合う風土」作り
(3) 一体化の教育・研修

12　理想の風土のために個人ができること

Ⅰ.コーチング〜質問が組織を変える

　組織変革は困難を伴いますが、コーチングが組織変革に効果的です。問題解決の答えも能力も相手にあると考え、それを質問などで引き出します。信頼関係をもとに効果的な質問をします。コーチングを組織的に導入すると、個人の力を引き出し、学び合う組織となることが期待できます。

・コーチングの種類と目的
　コーチングを経営で展開する場合には、以下のようなパターンがあります。

1.1対1の典型的なコーチング
　コーチとクライアントで目標を決めます。目標を実現する

ためにとるべき行動について、コーチが質問をするなどのコーチングをして目標を実現します。

2. コーチに対するコーチング
　コーチングを組織の中に浸透させるためには、コーチを養成しサポートする必要があります。コーチをコーチングするスーパーバイザーが効果的です。

3. グループコーチング
　グループで、グループ内のメンバーをお互いにコーチングします。同じ職位の人が複数人集まって、指導力を上げるときには効果的です。

4. セルフコーチング
　コーチングの手法を使って、自分に質問をすることで、自分の行動を修正していくことができます。

5. インフォーマルコーチング
　場所や時間を選ばずに、日常会話の中でコーチングを行うことも可能です。

・**コーチングの基本プロセス**
　コーチングには基本的なプロセスがあります。質問をしているつもりで詰問になる例もあります。基本を守り、意思を

確認しながら進めましょう。
1.信頼関係の構築
2.現状確認
3.目標の設定。解決法も質問する。
4.解決プランの決定と意思確認
5.励ましとフォロー。次回を約束

・コーチングの原則とスキル
　コーチングの3原則は可能性を信じることからです。
1.答えは相手の中にある。
2.問題を解決する能力は相手にある。
3.答えや能力を引き出す。

・組織風土としてのコーチング
　コーチングにより互いに学び合うことを組織の風土とすることができます。最初は核となるメンバーがコーチング技術を取得し、そのクライアントにコーチングします。次にそのクライアントが別のクライアントにコーチングする仕組みを作ると組織内にコーチングが広がっていきます。コーチに対するコーチングも継続します。コーチングのスキルが組織風土となることで、組織の中に、「やる気」「気づき」が生まれ、「励まし」が行われます。

Ⅱ.誰かのためにする行動

　誰かのためにする協力行動・支援行動は組織を変革する力があります。全員が誰かのためにすることができる会社は強い組織力があります。社員の幸福感にもつながりますので協力行動・支援行動を促進しましょう。

・協力行動・支援行動

　協力行動・支援行動は「他者または社会的利益のための行動」と定義できます。誰かがやってくれると助かるのに、誰もが自分の仕事とは思っていないような仕事が多いと、組織がうまくいかない理由になります。また他者を積極的に支援することが有益なこともあります。それらを積極的に行うのが「協力行動・支援行動」です。組織の中では、とても大切な行動です。

・阻害要因を取り除く対策

　協力行動・支援行動はそれをさせない阻害要因があるから、問題になるわけです。その阻害要因を取り除く必要があります。具体的には、以下の3点です。
1. 組織としての応援：してほしい協力行動を明白にする。成績評価に加える。
2. 内側からの動機付け：協力行動を見逃さず認知して褒める、関係性欲求に応える感覚。

3.信頼関係を作る：相手が応援してくれると信頼するから頼むし、できるという能力を信頼するから頼めるので、信頼関係を表面化する。

・協力行動・支援行動を増やす

　以下の方法で協力行動・支援行動を増やしましょう。
1.具体的に協力・支援してほしい行動や期限を周囲に伝える。
2.する側にもされる側にもメリットがあるような制度とする（評価制度など）。
3.行動や役割を類型化して積極的に促す（サンクスカードの集計、公開）。
4.協力行動がお互いに連鎖するような仕組みを作る。
5.人は皆「誰かの役に立ちたい」と思っていることを指摘し奨励する。
6.本来の業務以外の業務を行う時間を作る。
7.一つの組織に所属することの良さ（＝安心感など）を感じさせる。

・パーパス経営

　企業経営では、社会においてどのような存在意義を出してどのような貢献をするのかを「パーパス」として掲げて経営します。消費者、ひいては社会などへの貢献を掲げることが多く、「誰かのために」の「誰か」がより大きい存在になっています。

Ⅲ.自分の把握と学び

　人は組織の宝です。人が成長するためには、自分を把握することが大事です。自分を把握すれば学習することもできますし、組織として支援することもできます。一人一人が学び続ければ、個人の幸福にもなりますし、組織も成長します。

・性格と認知の把握
　性格は簡単な性格診断で把握することができます。また、認知には歪みがあります。同じ場面でも人によって判断や行動が異なります。性格によるものもありますが、「推論」「判断」での誤りが原因になることもあります。自分が持っている性格や判断のパターンを知れば、対処方法があります。感情面の配慮が苦手なことや、本人が気づきにくい場合もあります。自己開示やフィードバックを実施しましょう。

・自己マスタリー
　知識やスキルの向上に限らず、人生において本当に望む結果を出そうとする意欲を持つことが自己マスタリーとなります。自分の成長意欲は内発的動機付けの代表です。

・自己マスタリーの進め方
1.一人一人の現状の状態を正確に把握する。
2.他者とのつながりがあることを理解させる。

3. 目標との乖離を理解させ緊張を持たせる。
4. 自己が熟達するための学習の目標を設定する。
5. 学習の機会を与え支援する。
6. 組織の目標に個人の成長を取り込み、個人の目標に組織の成長を取り込む。
7. リーダーが行動で示す。

Ⅳ. 自己開示～良い人間関係のために

　自己開示とは、自分自身の情報を、強みだけでなく、悩みや弱点なども含めて開示することです。リーダーが率先して行い、相手からも引き出してお互いを認める関係を作りましょう。

・自己開示とは

　自己開示とは、言語という手段により、自分自身に関する情報をありのままに伝えることとされています。自分の強みだけでなく、悩みや弱点なども含めて開示することをいいます。

・「ジョハリの窓」

　研修でよく使用される「ジョハリの窓」という図（図1）があります。自己に関して自分自身が知っているか知らないかと、他人が知っているか知らないかで、4つの窓に分かれ

図1: ジョハリの窓

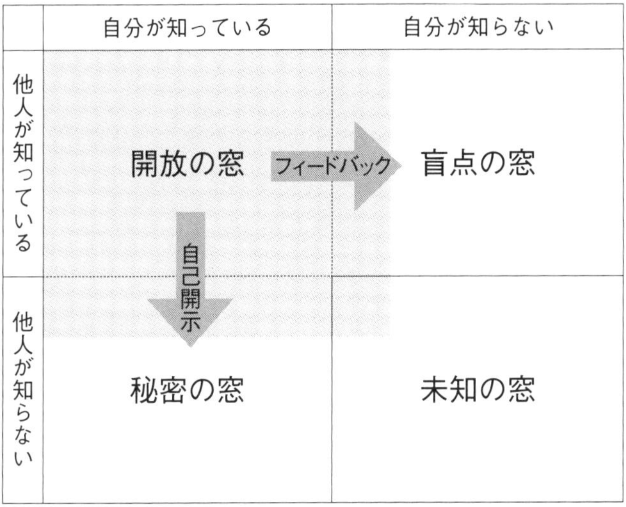

	自分が知っている	自分が知らない
他人が知っている	開放の窓 → フィードバック	盲点の窓
他人が知らない	↓ 自己開示 秘密の窓	未知の窓

ます。左上が、「開放の窓」(自分も他人も知)、右上が「盲点の窓」(自分は未知、他人は知)、左下が「秘密の窓」(自分は知、他人は未知)、右下が「未知の窓」(自分も他人も未知)となっています。「秘密の窓」(隠された自己)を狭くするには、自己開示が重要です。「盲点の窓」(自分が気づかず他人が知っている自己)を狭くするには、フィードバックが重要です。

・自己開示の必要性とメリット

自己開示は以下のとおり必要で、メリットがあります。

1. 仕事上の関係だけでは、相手の人間性などがわからない。
2. 相手を知ることで安心感、信頼感、ラポール、親近感が生まれる。
3. 心理的安全性のもとになる。
4. 返報性(へんぽう)があるため、相手の自己開示を引き出せることが多い。
5. 自分の意見の背景や理由が理解してもらえる。
6. 自己肯定感が生まれ、自分に自信が持てる。

・**自己開示とインクルージョンとダイバーシティ**

「ダイバーシティ＆インクルージョン」は、組織内の多様な人材が、自分の居場所を見つけて、自分らしさを発揮できている状態です。この状態を実現できているときには、自己開示もしやすくなります。

・**自己開示の方法**

　以下の方法で自己開示をしましょう。
1. 自己開示ができる雰囲気、体制などの環境を作る。
2. 自己紹介や雑談などで話す。
3. 失敗談を打ち明ける。
4. 苦手を話す。
5. 相手にも自己開示をしてもらう。
6. リーダーが率先して自己開示する。

　なお、自慢話は「自己提示」となり、逆効果なので気を付

けましょう。

13　理想の風土のために組織ができること

　理想の風土の目指すべき方向として、以下の4つを提案します。

Ⅰ.喧嘩するほど仲がいい

「喧嘩するほど仲がいい」ということわざがあります。組織改革のためには、あえて波風を立てて、率直な意見交換をする必要があります。健全な組織として、「安心して発言・喧嘩できる場作り」を目指しましょう。

・率直な意見交換から企業風土へ

　最初は「組織改革の議論の場」などで「作法のある喧嘩」を推奨しましょう。そしてその場だけでなく、日常的に前向きな意見を出し合う状態＝企業風土まで広げましょう。

・作法のある喧嘩

　筆者は「場作り」の場の発言ルールと同様に、喧嘩ができる企業風土のためには「喧嘩の作法」や「アサーティブコミュニケーション」あるいは「仲裁役」が必要だと思います。

ゴリラやサルの喧嘩が参考になります。動物の世界では、権力争いが必然です。そこで力と力の争いになりますが、勝敗を決したあとに必ず和解があります。群れはその一連の流れを経て維持されます。殺し合うことはありません。人間に置き換えると必ず「仲直り」をするということです。いろいろやり方はあるとしても「仲直り」できれば、また安心して喧嘩できます。

・喧嘩ができる会議ルールの例
1. 勝ち負けではない意見の交換、創造の場である（最初に宣言）。
2. 対立する意見は歓迎する。
3. 批判・否定ではなく建設的な意見・提案を言う。
4. 最後まで発言をさせ、また最後まで聞く。
5. 誰が発言したかではなく発言者から離れた一つの意見として議論する。
6. 上司・部下などの序列を取り払って発言をする。
7. 司会者が対立点を客観的に整理し、主観を取り払う。
8. 感情的な場合は、その場で仲直りして、次に持ち越さない。

Ⅱ.自己主張〜アサーティブコミュニケーション

　アサーティブコミュニケーションは、相手を尊重しながら自分の意見を述べる手法です。率直な意見交換、信頼向上、

不安解消、モチベーション向上、エンゲージメント向上などで効果があります。

・アサーティブコミュニケーションとは

　アサーティブ（assertive）とは、「自己主張すること」という意味ですが、アサーティブコミュニケーションは、お互いを尊重しながら意見を交わすコミュニケーションのことです。アサーションとも呼ばれます。

1. アグレッシブ：攻撃的
   （例＝ムリに遊びに誘う）
2. ノン・アサーティブ：受け身的、自己主張はしない
   （例＝断れない）
3. アサーティブ：相手を尊重したうえで自己主張
   （例＝理由を説明して断る）

・5つの要素

　5つの要素を盛り込んだ実践練習をするのが効果的です。

1. 誠実：自己主張するうえでは、自分自身への誠実さが必要です。
2. 率直：率直に言うほうが受け入れられやすくなります。主語は私です。
3. 対等：上司から部下、部下から上司の場面でも、対等に言うことが大事です。
4. 自己責任：自分の責任で発言します。
5. I'm OK, you are OK.：自分も相手も良い結果が必要です。

A．I am OK.　　You are OK.　　　協調的
B．I am OK.　　You are not OK.　　拒否的
C．I am not OK.　You are OK.　　　逃避的
D．I am not OK.　You are not OK.　　停滞

・アサーティブコミュニケーションの効果
　会社全体に導入すると次のような効果があります。

■個人の直接効果
1.いろいろな立場、意見が出しやすくなり、受け入れやすくなります。
2.自己主張ができます。
3.率直な態度が増えます。

■個人の間接効果
1.自尊心が満足します。
2.自己信頼感が増します。
3.チームコントロールができます。

■会社の効果
1.社員のモチベーションが上がります。
2.従業員エンゲージメントが上がります。
3.会社の課題の遂行に効果があります。

・DESC法

4ステップごとに事例で演習すると効果的です。
1. 描写（Describe）：事実を描写・指摘する。
2. 表現（Explain）：意見・気持ちを伝える。
3. 提案（Specify）：してほしいことを特定・提案する。
4. 選択（Choose）：選択肢・結果への対処法を考え伝える。

Ⅲ. 仕事を好きになる

仕事を好きになってもらえれば幸福感・笑顔にもつながります。方策としては「仕事の価値に気づく対話会」「モチベーションアップの仕組み」があります。

・仕事の喜び

筆者は経営品質向上活動で、従業員の満足度向上に取り組みました。最初のテーマとして「仕事をしていて嬉しかったことは何ですか」という問いかけをしました。一例を挙げると、清掃では、「いつもきれいにしてくれてありがとう」と声をかけてもらったとき、警備では、具合が悪そうで早退する人に「大丈夫ですか」と声をかけ、感謝されたときに嬉しかったそうです。笑顔の中に喜びが表れています。

・仕事の喜びとやりがい

仕事の喜びを再確認する対話会を繰り返すことで、「誰の

ために働くのか」「真のお客様は誰か」ということを理解してもらうことができます。参加者にも、新しい気づきが生まれます。モチベーションアップのためにも自分の仕事に価値を見出せます。

・向上心
　一人一人が向上心を持てるようにすることも大事です。「仕事をしていて嬉しかったことを増やすにはどうすればいいか?」という問いかけはどうでしょうか。どうしたらいいか、と考えると向上心が生まれます。仕事には、その仕事に必要な技術があり、知識や経験も必要であり、向上心が欠かせません。

・好きな仕事
　自分が好きな仕事につけない人もいますが、仕事をやる以上は、仕事を楽しんで好きになってもらいたいものです。自分の仕事の価値に気づいて仕事を好きになってもらう。さらに向上するために努力をしてもらえば、気持ちも充実し成果も上がると思います。人生の大半の時間を仕事に費やす以上、仕事を好きになってもらうほうが、幸福感にもつながると思います。

・会社の方針として取り組む
　会社全体で仕事を好きになってもらうよう取り組む必要が

あります。仕事の重要性や価値を再確認しましょう。喜んでくれたお客様の声などを採り入れると効果的です。リーダー自らが率先して楽しむと、効果大です。

Ⅳ.仕事を楽しむ〜機嫌良く・ワクワクする

仕事を楽しんだうえで、「機嫌良く」「ワクワクする」ことが大事です。楽しい雰囲気のワクワクする会社は楽しさがお客様やお取引先にも伝わる好循環になり、業績が向上します。

・仕事そのものの充実
仕事そのものを充実させて満足感を感じると、仕事を楽しむことができます。そのためには以下のようなことがヒントになります。
1. 仕事に目標を持つこと
2. 目標に向かって努力をすること
3. 一歩一歩達成感を得ること
4. 周囲からも認めてもらうこと
5. ワーク・ライフ・バランスで生活と調和すること
6. 新しいことに挑戦すること

・気持ちの切り替え〜機嫌良くする
「人は自分の行動を選択できる」という選択理論[※6]がありますが、筆者も「自分の機嫌」を選択できると思います。

仕事を楽しむためには、職場を変えるよりまずは、自分から機嫌良くすることが大事になります。「日々接している家族や友人が幸せを感じていると、自分も幸せを感じる可能性が高まる」という調査結果もあります。幸福な人に囲まれると幸福になるということですから、まずは自分が機嫌良くして明るい職場を作ることに価値があります。『人間関係をしなやかにするたったひとつのルール』(渡辺奈都子著)では「機嫌が良いことは社会貢献になる」と書かれています。とてもいい言葉です。

［楽しい雰囲気の会社］
　仲が良さそうな職場を見るとお客様も嬉しくなります。楽しさがお客様やお取引先にも伝わると好循環になります。楽しさやワクワク感が伝わり、笑顔が広がります。
参照　33　対立の解消と問題解決を着実に行う

14　すぐできることをする組織風土

　企業風土改革では、「すぐできることをする」組織風土を作るのが効果的です。
　以下の二つを提案します。

Ⅰ.ともかくやってみよう~挑戦する組織風土

　成熟とともに失敗を恐れ、挑戦しなくなります。「ともかくやってみよう」の気持ちを持てば、「空気を変え、人を育て、顧客と対話し、失敗から学び、強い体質にする」効果があります。ともかくやってみようで挑戦する風土を作りましょう。

・挑戦する風土か、しない風土かのチェックポイント
　以下の質問をしてチェックしましょう。
1. 成熟することで、現在にしばられていないか
2. 失敗することを恐れる空気が、経営陣や会社の中に生まれていないか
3. 挑戦しない理由を作るのが成熟してうまくなっていないか

・「ともかくやってみよう」の効果
「ともかくやってみよう」は以下のとおり大きな効果がありますので、風土を広めましょう。
1. 空気を変える：何かに挑戦することで、閉塞感をなくし活性化につながります。実践の大切さを感じさせます。ワクワクする雰囲気を作れます。
2. 人を育てる：挑戦を担当させることで、修羅場をくぐることができます。実践でしか学べないこともあります。
3. 対話できる：新製品や新事業は顧客との対話の絶好機です。

4. 失敗から学ぶ：失敗から学ぶことができます。実践しなければ学べない貴重な機会です。
5. 強い体質にする：挑戦と成功、失敗を繰り返すことで会社の体質が強くなります。

Ⅱ．ともかく笑ってみよう〜働きたい会社を作る

「ともかく笑ってみよう」は、笑いを率先して実践するご提案です。笑いと笑顔を実践して社員の健康を作り、働きたい会社を作りましょう。笑顔になれるのは優しさの表れだと思います。

・笑いの健康効果

　笑いは、免疫力アップ、血行促進などの健康効果があるといわれています。また、笑うと脳はエンドルフィン[※7]を分泌するので幸福感を感じます。まず形から入りましょう。

・笑いの経営効果

　笑いの経営効果は以下のようになります。
1. 面白く話せば興味を持たれる。
2. 緊張緩和で創造性も生産性も上がる。
3. コミュニケーションを活発化して伝える力が強くなる。
4. 「笑ってもいい」「明るくしてもいい」という心理的安全性で職場全体が明るくなる。

5. 笑顔で幸福感が職場に広がる。
6. 困難を乗り越える力が強くなる。

・笑いは人間関係を強化

　ジェニファー・アーカー/ナオミ・バグドナス著『ユーモアは最強の武器である』によると「一緒に笑えば、その場で親しみが生まれるだけではない。人間関係を長期的に強化するのにも、効果的なのだ」。楽しい職場は世代に関係なくいいものです。

［「ともかく笑ってみよう」のためにできること］
　以下のとおり、ともかく笑ってみましょう。
1. 肯定：方針として笑いを肯定し、トップが率先します。
2. きっかけ：ジョークなどで「笑ってもいい」という安心感が生まれます。
3. 共感：相手から笑うきっかけが振られたら共感して笑いましょう。

［明るい職場の作り方］
　以下のとおり、明るい職場を作りましょう。
1. 信頼関係「つながり」を作るため、お互いに知り合うことを徹底します。仕事以外の活動を企画する方法もあります。雑談も奨励します。
2. 仕事の場面にも「つながり」を取り込みます。チームの「場」

を作ることも効果的です。「仕事で助け合うこと」も奨励します。
3. 組織風土まで高め、組織全体で「明るい職場」の良さを認め、確認し、継続していけるように高めていきます。リーダーも含めて、組織全体で「明るい職場」作りを奨励していきます。

15　ハラスメントのない組織風土

Ⅰ. ハラスメント総論

　セクシュアルハラスメント（セクハラ）、パワーハラスメント（パワハラ）、マタニティーハラスメント（マタハラ）の三大ハラスメントに対して、事業主の防止措置が義務づけられました。人手不足時代の今日、社員を大切にする職場作りは、経営者の責務です。ハラスメントを防止して、明るい職場を作りましょう。

・ハラスメントとは

　ハラスメント（harassment）とは「いじめ」「嫌がらせ」などを指します。性別、年齢、職業などの属性、あるいは広く人格に関する言動などによって、相手に不快感や不利益を与え、その尊厳を傷付けることを言います。「ハラスメント」に対する法的な規制も始まりました。

[厚生労働省の取り組み]

厚生労働省では、パワーハラスメントを中心に、「明るい職場応援団」というサイトを立ち上げています。

また、法的な規制がはっきりしないハラスメントはかなりの数が生まれています。ケア〜、リストラ〜、モラル〜、ジェンダー〜、セカンド〜、事後〜、アルコール〜、ロジカル〜、パタニティ〜、ハラスメント〜、妊活〜、パーソナル〜、エイジ〜、時短〜などなどです。

[ハラスメントの影響]

職場のハラスメントは、受ける人だけの問題ではなく、以下のような影響があります。

1. 被害者：人格や尊厳を傷付けられたり、仕事への意欲や自信をなくしたり、また、心の健康の悪化につながり、休職や退職に追い込まれたり、生きる希望を失うこともあります。
2. 被害者の周囲：職場全体の生産性にも悪影響を及ぼす可能性があります。
3. 加害者：社内での自分の信用を低下させ、懲戒処分や訴訟のリスクを抱えることにもなり、自分の居場所が失われる結果を招きます。
4. 企業：業績悪化や貴重な人材の損失につながる恐れだけでなく、問題を放置した場合は、裁判で使用者としての責任を問われることもあり、イメージダウンにつながります。

・ハラスメントの対策

　各法規制で対策を講じることが義務づけられていますが、法的規制が明確でないハラスメントも含めて以下のようなことが考えられます。

1. 方針の策定と労働者への周知
2. 行為者への対処方針の策定
3. 相談窓口の設置、内部通報制度
4. 社内研修の実施
5. 社内アンケートの実施
6. 相談への対応

Ⅱ.ハラスメント各論

　昭和の常識が染み付いている人は要注意です。ウケ狙いのジョークが悲惨な結果になることも多いです。職場環境の整備はもとより、研修を開催するなど十分な対策をとり、明るい職場を作りましょう。

・三大ハラスメントの1：セクハラ

　男女雇用機会均等法において事業主に対してセクハラ防止措置が義務付けられています。

　判断基準「労働者の意に反する」「就業環境を害される」や類型（対価型、環境型、制裁型、妄想型）を参考に社内で防止策を徹底しましょう。

非常にデリケートなので、社内で話し合う場を設けて被害を防止しましょう。

・三大ハラスメントの2：パワハラ

労働施策総合推進法が改正され、職場におけるパワーハラスメント防止対策が事業主に義務付けられました。中小事業主においても義務化されました。

要件としては「優越的な関係を背景とした言動」「業務上必要かつ相当な範囲を超えたもの」「労働者の就業環境が害されるもの」です。

類型としては、「身体的な攻撃、精神的な攻撃、人間関係からの切り離し、過大な要求、過小な要求、個の侵害」です。

部下に「ついついきつく言ってしまう」などの傾向がある場合は、対話を重ねて「命令しなくてもいい関係性」を築きましょう。

・三大ハラスメントの3：マタハラ

要件は、職場での上司・同僚からの言動や、妊娠・出産した女性労働者や育児休業・介護休業等を申し出・取得した男女労働者の就業環境が害されることです。

マタハラに対し、男女雇用機会均等法により、5つのすべてを実施することが企業に義務付けられています。

実施義務は、「方針の明確化・社内周知」「相談体制の整備」「相談対応」「要因解消の措置」「プライバシー保護などのルー

ルの周知」です。

　ワークライフバランスは会社全体で取り組む必要があります。マタハラなどが起こらないように社内研修をしっかり行って話し合いましょう。

・カスハラ

　厚生労働省はカスタマーハラスメント（カスハラ）対策のための企業マニュアル、リーフレット、ポスターを作成しました。全国初の条例「東京都カスタマー・ハラスメント防止条例」は2025年4月施行です。カスハラを「顧客等から就業者に対し、その業務に関して行われる著しい迷惑行為であって、就業環境を害するもの」などと定義づけています。国会議員や地方議員から行政職員へのハラスメントもその一つでしょう。

　企業では正当なクレームもありますので、現場で対応の判断に迷わないような配慮が必要です。適切なマニュアルを作るとともに、事案が発生したら専門家に相談しましょう。

16　メンタルヘルスケアの行き届いた組織風土

Ⅰ. 心の健康作り～悩みの少ない職場へ

　心の健康作りは重要な課題です。メンタルヘルスケアは「指

針・体制・計画・施策」という手順で進めます。お客様だけでなく、社員の笑顔も大切にしましょう。

・メンタルヘルスケアとは

　職場で悩む人は多いものです。メンタルヘルスケアとは、すべての働く人が健やかに、いきいきと働けるような気配りと援助をすること、及びそのような活動が円滑に行われるような仕組みを作り、実践することをいいます。

・メンタルヘルスケアの進め方

　まずは計画をしっかり立てます。
1. メンタルヘルス指針の制定
2. 体制の整備
3. 心の健康作り計画の策定（セルフ、ライン、スタッフ、外部ケア）
4. 教育研修等の施策の実施

　続いて施策を行います。
1. 教育・情報提供：メンタルヘルスケアに関する情報を提供し、啓発を行います。
2. 環境把握と改善：物理的環境のほかに、作業内容、労働時間、作業量や責任など多岐に渡ります。
3. 不調の気づきと防止：相談しやすい環境を整え、早期発見・早期対応をします。

4.職場復帰支援：「職場復帰支援プログラム」の策定や関連規定の整備が必要です。

・悩む人と悩まない人がいることに気づく

　同じ職場でも家族でも悩まない人がいます。それはその人の「ものの見方」つまり「主観」が大きく影響するからです。たとえば、井戸水は冬に温かく、夏に冷たく感じるのは、感じるほうが変化しているからです。

　もう一つは、「一人ひとりは違う」ということです。違いがわかれば、相手に寛容になれると思います。会社で働く一人ひとりは生まれも育ちも性格も違います。相手を変えようとする気持ちが強いと問題が生じます。自分が変わるほうが早いし確実なことに気づいてもらいます。

　一見明るい職場なのに、心を痛めている人がいるケースもありますから、上司は部下の不調に気づくことが大切です。

・組織として留意しなければならないこと

　デリケートな問題ですので組織として、十分留意しなければならないことがあります。
1.個人情報の管理
2.不利な取り扱いの禁止
3.家族の協力とサポート
4.産業保健総合支援センターの活用

いずれにしても、専門家の意見を取り入れましょう。

Ⅱ. 心の癖〜批判・自動思考からの脱却

　何でも批判するなどの心の癖を「認知の歪み」といいます。原因はスキーマ（信念）と、その結果の自動思考です。研修などで解消し、正しい判断と活発な意見交換をしましょう。

・認知の歪み
「認知」とは、その人自身の物事の捉え方や考え方を意味します。いつも自分を精神的に追いつめてしまったり、些細なことで落ち込んだり、すぐに悪い方向に考えてしまう考え方のパターンのことを「認知の歪み」といいます。
　代表的なものは以下のとおりです。注意したいのは、決め付けやレッテル貼りなどで会話の流れを持っていく人がいることです。その瞬間は気持ちがいいとは思いますが、決していいことではありません。
1. 全か無か（中間を考えない極端な結論）
2. 過度な一般化（ある事例を一般にもそうであるとして考える。「いつも」「絶対」「すべて」「常に」「全く」「決して」という言葉をよく使います）
3. マイナス化（何でも悪いように受け止める）
4. 結論への飛躍（根拠もなく結論を出します）
5. レッテル貼り（○○は〜である、と名前を付けたりして決

め付けます）
6. 過大評価と過小評価
7. 感情的決め付け（感情で結論を出す）
8. べき思考（何でも〜であるべきと考える）
9. 個人化（何でも自分のせいにする）
10. 心のフィルター（ネガティブな面ばかりに目がいってしまう状態）

・「推論のはしご」
　判断のプロセスを振り返る「推論のはしご」があります。一例ですが、「田中さんが遅刻をした」「田中さんは開始時刻を知っている」「遅刻は初めてではない」「わざとかも」「会議を軽んじている」「田中さんは信頼できない」「田中さんをメンバーからはずす」というようなハシゴです。「わざとかも」のあたりから、論理の飛躍があります。

・組織の中の弊害
　会議の場で、「何でも反対する人」「すぐにあきらめる人」「常に自分が正しい人」がいたら、改善する必要があります。また、組織風土でも「定時で帰るのはやる気がない」「女性より男性」というような決め付けは避けたいです。

・組織での対策
　会社として認知の歪み消滅の対策に取り組みましょう。

1. 認知の歪みを理解するアンコンシャス・バイアス研修に取り組む。
2. 会議で批判、正論、決め付けが横行しないように、ファシリテーションを行う。
3. 個人指導で面談のうえ自覚を促す。

第5章

戦略策定と展開

この章では、戦略の策定方法とその具体的な展開方法を学びます。戦略を無理に作ってもうまくいきませんし、せっかく作った戦略をうまく具体化しないと意味がありません。

17　良い戦略の作り方と目標の実現方法

Ⅰ.良い戦略

　良い戦略とは、その企業の強み、競合や顧客の分析から得られる、理想像へのシナリオです。その企業の発展段階にふさわしい良い戦略で成長を実現しましょう。

・戦略とミッションなどの違い
経営理念：企業活動のよりどころとなる考え方で、価値も目的も含まれます。
パーパス：企業の目的、存在意義です。社会との関係を表します。
ミッション：企業の使命です。存在意義です。
バリュー：企業の価値です。行動基準であることが多いです。
ビジョン：企業の将来像、理想の姿です。
戦略：企業のビジョン、経営目標を実現するためのシナリオです。
戦術：戦略を実現するための具体的な作戦です。

・戦略のチェックポイント
　悪い戦略と評価されないためのチェックポイントは以下のようになります。

1. 目標が企業の置かれいる市場環境、企業の実力にフィットしているか。
2. 競争優位や差別化を実現できる内容となっているか。
3. 企業が抱えている重大な課題から目を背けていないか。
4. 具体的な戦術やブレイクダウンした戦略、目標数値が伴っているか。
5. 企業名を伏せても、どこの会社の戦略かわかるか。

・良い戦略とは

　良い戦略は、その企業の実力や市場環境にフィットしていて、実現性があり、「強み」「差別化」に基盤があり、分析をもとにしていて、手が届きそうな理想の姿を描いていて、わかりやすく共感しやすく、具体的な戦術やブレイクダウンした目標を持っているものです。

・良い戦略の作り方

　以下のとおり良い戦略を作りましょう。
1. 分析をする：自社の強みや競争相手の強み、さらに顧客の求めているものなどについて分析することが最初の作業です。この分析を間違えると、間違った戦略となります。
　飽和している市場に頭から突っ込むのは感心しません。
2. 方針を持つ：分析結果から得られる課題に向けた方針を決め、その方針を実現すれば、課題が解決して、企業が成長するとともに競争力を確保するというストーリーがわかる

ものが望ましいです。
3. 行動に結び付ける：戦略を実現する戦術が必要です。模倣されない差別化も重要です。ブレイクダウンした数値目標が必要です。
4. フィードバックする：実践と修正の繰り返しによる実践からの学びで戦略が強化されます。

・戦略論を参考にした実践へ

　戦略は、古くは孫子から始まり、いろいろな戦略論が流行してきました。ポジショニング派[※8]とケイパビリティ派[※9]に分かれますが、製品や事業の市場における地位という視点と、自社の能力の足りない部分を強化する視点は両方とも参考にするのがいいと思います。敵も知り自分も知る必要があります。実践こそが大切です。

Ⅱ. 戦略・事業計画の展開

　戦略・事業計画を細分化し、アクションプランを展開し、各個人が目標を持つことが重要です。そのうえで「やる気を引き出す」「押し付けない」ということを意識するために「対話」のスキルが大事であることをご理解いただきたいです。

・事業計画からアクションプランへ

　戦略を実現するための事業計画は5年程度の期間で作ります。計画には、売上だけでなく、実現のための費用も盛り込みます。販売促進策、新製品開発、設備投資などがアクションリストとして対象となります。

参照　第6章　マーケティング

・経営理念の落とし込み

　経営理念の実現のための戦略及びそのための施策を落とし込むことを忘れないようにします。経営理念の裏付けがないと数字だけが一人歩きします。

・販売目標の細分化

　販売目標も細分化することが可能です。

1. どの製品をいくつ、いくらで売るのか
2. どの地域で売るのか
3. どの販売チャネルで売るのか（店舗、代理店、webサイトなど）
4. 誰に売るのか（リピーター、大口顧客、一般訪問者など）
5. いつ売るのか（新製品投入時期、お客様の予算、市場の傾向など）などなど

・目標管理と対話

　事業計画を細分化したら、これを割り当てていきます。た

とえば事業部単位、部単位、課単位、チーム単位、そして個人のアクションプランにしていきます。戦略をもとにした事業計画を現場担当者が実態と合わないと感じることもあるので、対話が大切です。

Ⅲ. 正しい目標管理

　正しい目標管理をするためには、育成制度である側面を忘れずに、対話のスキルで行うことが重要です。

・目標管理の意義
　目標管理は、戦略・事業計画の細分化でもありながら、個人の評価にもつながることから、同時に個人の成長、モチベーションアップを促す人事制度でもあります。この二つを両立させなければなりません。

・目標の設定の対話
　個人の能力には違いがあります。職位も年齢も経験も異なります。目標の設定では「いかに個人のやる気を引き出すか」がカギになります。目標が押し付けられて設定させられたという印象を避けなければなりません。上司が勝手に作った高い売上目標なんか最初からムリだと、従業員が思わないようにしなければなりません。一律にノルマを与えないように注意したいです。評価時を考慮し、あえて低い目標を設定

する傾向があるので要注意です。

・目標の種類には以下の4つがあり、
　それぞれ定量的な目標と定性的な目標があります
成果目標：業務の結果から生まれる成果
改善目標：業務の改善
変革目標：業務の大きな変革
管理目標：組織の管理・維持・指導

・目標行動の評価の対話
　評価の対話・面談の中で、相対的な評価が必要となり、他人との差違を付ける段階でモチベーションを下げてしまうことが多いのが実情です。また、ノルマが達成されていないという締め付けの場にしてはいけません。企業として重大な問題を抱えてしまうことになります。できていることは褒めましょう。努力も評価しましょう。

・正しい運用
　会社にとって、重要なのが従業員の「やる気」「モチベーション」です。上司と部下が話し合って、事業計画を細分化した目標を設定して成果を出す仕組みを作るのはいいとして、その運用を間違えると逆効果になります。
　対話のスキルが重要です。現場の上司が困難な場合は、外部コンサルに委託するケースもあります。

18　目標管理で促すこと
　　～いい行動といい習慣

Ⅰ.いい行動

　会社では社員の「いい行動」を増やす必要があります。行動科学の観点からは、行動の3要素はA先行条件、B行動、C行動の結果、です。いい行動を増やすためには、繰り返すポイントとなるリインフォース（強化要素）を見つけ、タイミング、継続、バランスの3原則で社員の行動を強化します。この3原則を目標管理の対話に盛り込み会社全体でこれらを行えば、組織が変わります。

・ABCモデル
　人が行動を起こす要素は3つあり、ABCモデルといわれています。
1. Antecedent（先行条件）
2. Behavior（行動）
3. Consequence（行動の結果）

　人はAのために、Bを起こします。結果であるCが良ければ、またBを起こし、Cが悪ければBを起こさなくなります。
　たとえば「ダイエット」があります。甘い物を食べると、その結果として「満足感や幸福感」という好ましい結果が、今すぐ得られます。将来的に「体重が増える」「病気になる

かも」という好ましくない結果があっても、予測される先の結果です。このような仕組みから「甘い物を食べる」という行動は繰り返されやすくなります。

・行動の強化策（リインフォース）

「いい行動」を増やしたり、「悪い行動」を減らしたりするのが、「リインフォース」といわれる行動の強化策です。リインフォースは、食べ物：甘いお菓子、コミュニケーション：褒める、叱る、ハグする、金銭類、上司との食事などが考えられます。

・タイミング、継続、バランス

リインフォースの例として「褒める」、「叱る」がありますが、大事なのはタイミング、継続、バランスです。

1. タイミング良く褒めないと効果がありません。60秒を過ぎると効果が薄れます。
2. 褒めるのをやめたら、行動も止まってしまいます。継続が必要です。
3. 褒めるのと叱るのを4対1のバランスにします。

参照　30　上司の役割～褒める、叱る、動機付け、感情に配慮

・行動が成果に結び付く組織になるために

行動が成果に結び付く組織は、リインフォースがうまくいっている組織です。一人一人の行動を分析したうえで、

「いい行動」を増やし、「悪い行動」を減らす取り組みを会社全体で行います。上司の役割が重要です。個人差のある中でリインフォースを見つけることができれば、あとはタイミングと継続とバランスです。推奨する行動が協力行動などだけでなく戦略目標に沿った行動であれば、企業業績にも反映されてきます。

Ⅱ.良い習慣～行動を変える

　人間の行動は習慣でできています。習慣は、個人も企業も社会も消費者も変えることができます。良い習慣を進化させ企業風土、企業文化を変えていきましょう。

・**習慣が生まれる仕組み**
　習慣が生まれる仕組みは以下のようになります。
1.習慣となる行動のきっかけ
2.習慣となる行動を行う
3.行動により報酬を得る
　1～3を繰り返して、「習慣」が形成される。たとえば、飲酒の習慣なら1.酒を飲みたいと思う、2.酒を飲む、3.酔って気持ちが良くなる

・**悪い習慣から抜け出す**
　企業内には不正やごまかし、さぼりなど悪い習慣がはびこ

ることがあります。悪い習慣から抜け出すときは、この仕組みに着目します。最初の「行動のきっかけ」のところで、意図的に自分をコントロールします。代わりの行動で置き換える方法もあります。悪い習慣をやめるのは非常にハードルが高いので習慣が形成される前に防ぐのが最良です。

・良い習慣を作る

　悪い習慣をなくすのと違って、良い習慣を作ることは比較的容易です。たとえば、歯磨き習慣は、ほぼ皆さんがやっています。良い習慣を作るのは、「行動のきっかけ」や「報酬」などの仕組みを理解して、作っていくことになります。良い習慣は、上司が継続させるように認めていくことが大事です。

・企業の中のルーティンと進化

　企業内の習慣は大きな力を持っています。明文化された規則だけでなく、明文化されていないさまざまなルールがあります。これらを良い習慣に変えると企業が進化します。急激に習慣を変化させるよりは、徐々に変化させていくほうが効果的ともいわれています。

・消費者の新しい習慣を作る

　消費者の習慣を作ることがあります。歯磨きに始まり、最近では「消臭スプレー」です。消費者に新しい習慣を作って

しまえば、先行利益を得ることができます。製品開発では、消費者の新しい習慣を作るという発想も必要です。

・行動変容も習慣化

　研修や対話・コーチングなどの場で行動変容を求めることがあります。この場合も習慣化するまでの行動変容を目標として設定することが効果的です。習慣チェックリストのような提案も可能です。

19　戦略策定で重要なSWOT分析

　SWOT分析は、社内資源について強み（Strength）と弱み（Weakness）に、外部環境から受ける影響について機会（Opportunity）と脅威（Threat）にそれぞれ2分類することで、2×2のマトリックス分析から適切な戦略案を見出そうとするものです。4つの視点を、戦略のチェックポイントとして使うと、納得性のある事業計画が作成できます。

・Strength：強み

　内部環境です。自社の長所です。ヒト、モノ、カネ、などの要素ごとに検討します。勝手な思い込みは戦略の誤りに通じてしまいます。「他社ができないことは何か」「なぜ他社と違うのか」というように掘り下げましょう。

・Weakness：弱み

　内部環境です。自社の短所です。注意したいのは、本当にだめな点は避ける傾向があることです。また、人間関係や上司の指導不足などの目に見えにくい問題点もあります。改善可能かどうか、改善が容易かどうかも一緒に検討します。

・Opportunity：機会

　外部環境です。自社の機会（追い風・チャンス）について、マクロ環境（業界、国など）とミクロ環境（直接関係する市場、顧客、競争相手など）とで検討します。業界全体では脅威でも、自社にとっては機会である場合は、自社の強みと関連付けます。

・Threat：脅威

　外部環境です。自社の脅威（向かい風・リスク）について、マクロ環境（業界、国など）とミクロ環境（直接関係する市場、顧客、競争相手など）とで検討します。業界全体では機会でも、自社にとっては脅威である場合は、自社の弱みと関連付けて記載するといいでしょう。

・SWOT分析の活かし方

「強み」「弱み」「機会」「脅威」という視点があるのは良い点なので、戦略を作るときのチェックポイントとして使うのが有効です。とくに、数字だけの事業計画にはこういう視点

がありませんので、計画の妥当性を補強・検証するために大変効果的です。

20　戦略策定の方法〜イノベーション・デザイン思考・システム思考

Ⅰ.イノベーション〜革新企業へ

　イノベーションとは、今までとは違う新製品、新事業などを創造することで、現状脱却のために必要です。市場や顧客そのものを創造することもあります。イノベーションは組織をワクワクさせる挑戦です。デザイン思考などのイノベーティブな風土に変えて継続的に取り組むことが必要です。

　成長企業にも踊り場があります。経営者の方は、現状から脱却したくでもできずに悩んでいらっしゃいます。そこでイノベーティブな会社を目指すことが必要だといわれています。日常の改善は大事ですが、マーケットが飽和・縮小したりしていると、思い切った新製品、新分野に挑戦する必要が出てきます。

　イノベーションのポイントは以下のようになります。
1.日常：日常の中から「革新のヒント」を見つけることも必要です。

2.意識：意識的に革新に取り組む必要があります。資金や人材も投入する必要があります。
3.挑戦：壁が立ちはだかるのは容易に予想できます。壁を越える挑戦が必要です。
4.視点：常識から脱却して視点を変えることが有効です。
5.経営：革新は意識して取り組む必要がありますので、経営の役割は重要です。

・オズボーンのチェックリスト

　創造や変革の進め方の手法であるオズボーンのチェックリストは、アイデアが尽きたときにはとても有効なヒントになります。
1.転用：新用途・使い道はないか、他の分野で使えないか。
2.応用：似たものから応用・マネできないか、他のものにヒントはないか。
3.変更：意味、色、働き、音、におい、様式、型を変えられるか。
4.拡大：機能・時間・頻度・強度・高さ・長さ・価値・材料を増す。
5.縮小：機能・時間・頻度・強度・高さ・長さ・価値・材料を減らす。
6.代用：人、物、材料、素材、製法、動力、場所を代用する。
7.再利用：要素・型・配置・順序・因果・ベースを再利用する。
8.逆転：反転、前後転、左右転、上下転、順番転、役割転換。

9.結合：ブレンド、合金、ユニットの結合、目的・アイデアの結合。

Ⅱ.デザイン思考〜人間中心のイノベーション

・人間中心のデザイン思考とは
　デザイン思考とは、人間＝ユーザーを中心にするデザイナー特有の考え方に基づく活動を指す言葉です。ティム・ブラウン著『デザイン思考が世界を変える』に詳しい説明があります。

・5つのプロセス
　デザイン思考は5つのプロセスに分けて説明されます。
1. 共感：インタビュー、アンケート、観察により、ユーザーが何に共感しているのか、本当に求めているものは何かを見つけ出します。
2. 定義：ユーザーが何を実現したいのか、潜在的な課題は何なのかを抽出・定義します。
3. 概念化：解決するアイデアやアプローチ手法を話し合います。
4. 試作：一度形にしてみることで、新たな視点や問題点に気づきます。
5. テスト：ユーザーテストのフィードバックからブラッシュアップします。

・メリット

以下のようなメリットがあります。
1. アイデアをたくさん出すプロセスを大切にしています。
2. 試作をもとに本質的なニーズが見つかるので、イノベーションにつながります。
3. 顧客も含めた多数のアイデアから多様性が生まれます。
4. 全員参加でコミュニケーションを図るため、チームが強化されます。

・戦略イノベーションができる組織へ

　デザイン思考を活用する過程では、顧客の変化・ニーズを把握することが可能です。製品のイノベーションが可能になるとともに、戦略のイノベーションも必要であることに気づかされます。デザイン思考を組織に浸透させることで、人間中心、顧客中心のイノベーションをできる組織になっていきます。

Ⅲ. システム思考〜未来を創造するために

・システム思考とは

　システム思考とは、解決の対象や問題を「システム」として捉え、多面的に原因を探り、問題解決することです。簡単にいうと組織は「風が吹けば桶屋が儲かる」という因果関係の法則でつながっているということです。組織の改善では、

「木を見て森を見ず」にならないようにしたいものです。今の時代はサプライチェーンやネットワークで連携が深まっています。また、自動車を例に挙げれば、小さな部品の欠陥でも大規模なリコールになります。組織もシステムとして考えることが重要になります。

・システム思考の方法
　システム思考の方法は以下の手順で具体化しましょう。
1. 時間的、空間的に視野を広げます。
2. 広い視野で原因を見つけます。
3. 対策が及ぼす結果についても、時間的、空間的に広く捉えます。
4. 影響し合うシステムのボトルネックを見つけ対策します。
5. 短期と中長期の対策は切り離しておくこともありえます。
6. 全体を因果ループ図にまとめるとわかりやすくなります。
7. 代表的なパターン類型を利用すると、相互に影響する作用に気づきやすくなります。
　（1）自己強化型
　（2）バランス型
　（3）遅れ
　（4）成長の限界
　（5）問題のすりかえ

・システム思考から未来を創造する

経営において未来を創造するためにはシステム思考が不可欠です。

1. 中長期的な観点や、顧客、販売店、社員などへの影響を予測した戦略の立案と実施をします。
2. 問題解決では、原因分析で視野を広げ、対策に伴う悪影響も考慮して対策を立てます。
3. 新商品開発では、既存製品・生産現場に与える影響、原材料の確保なども考慮して開発計画を立てます。遅れなどの要素も把握します。

第6章

マーケティング

この章では、戦略で重要な要素となるマーケティングについて学びます。戦うためには、自社を知り、顧客を知り、市場を知り、競争相手について知らなければなりません。そのうえで効果的な戦略を選択します。

21 自分を知り、強化する

Ⅰ. 売上のツボとマーケティング

「強み」「他社との違い」「お客様が選んでくれる理由」にフォーカスして、「売上のツボ」を見つけます。市場の変化も見極め売上改善策を提案します。ビジネスモデルの転換も必要かもしれません。まずは「売上のツボ」を見つけ、自社の戦略を練り直すことが、マーケティングには必要です。

・強みをヒアリングで分析する

　お客様のヒアリングから「今まで当社製品を買ってくれたお客様はなぜ買っていただいていたのか」という理由を探ります。食べ物なら、味、価格、ブランド、立地、早さ、販売員対応などであり、製造業なら、性能、故障の少なさなどが加わり、大手企業なら、安定供給力なども魅力です。そこで製品の強みと市場のニーズの一致点がわかります。そこから未来を予測します。売上が落ちていればその時期や傾向から原因を分析していきます。ビジネスモデルの変革も必要かもしれません。

・売上のツボからマーケティングへ

　売上のツボとこれからの市場ニーズの一致点がどこにあるかを仮説として設定します。いくつかの仮説について売上改

善策を実行して、効果が上がる対策を見極めていきます。たとえば、新規顧客の開拓、営業アプローチ回数の増加、訴求資料の見直し、EC販売の開始、営業スタッフの再教育、製品のラインナップ改善、価格体系の見直し、サポート体制の充実などです。仮説の検証の中で、効果的なアイデアを出さないといけません。

・STPと4P

　マーケティングの基本ステップはSTPと4Pです。
S（セグメンテーション）で市場を細分化して把握します。
T（ターゲティング）で標的を絞ります。
P（ポジショニング）で自社製品の市場での位置取りを設定します。
4P（製品、価格、販促、流通）の要素で売上を上げる仕組みを考えます。

　以上のステップから、戦略を立てます。たとえば「良いものをより高い価格で」というポジショニング戦略なら、それをブランドとして確立していきます。安全なボルボ車は高くても売れます。

・マーケティングは仮説と検証の繰り返し

　マーケティングにはさまざまな手段がありますので、仮説と検証を繰り返す必要があります。評価には財務数値以外にマーケティングスコアというのがあります。市場シェア、顧

客維持率、新規顧客率などです。マーケティング監査も有効です。市場変化の早い時代ですから、評価と改善を繰り返しましょう。

Ⅱ. ビジネスモデル〜儲ける仕組み

　デジタルトランスフォーメーション（DX）により顧客の行動パターンが変わっています。クラウド、D2C、マスカスタマイゼーション、サブスクリプション（サブスク）など中小企業にも向いているビジネスモデルがあります。閉塞感打破のため、変革を検討しましょう。

・ビジネスモデルとは

　ビジネスモデルとは、利益を生み出す製品やサービスに関する事業戦略と収益構造（仕組み）のことです。とくに、消費者と企業がインターネットでつながり、製品やサービスの選択と購買、決済、配送までをシステム化し、収益性を高めたビジネスモデルが登場したことで一層注目されています。最近では、無償で製品やサービスを提供し、収益を得る仕組みがあります。Amazonは書籍販売から、書籍以外のEC、マーケットプレイス、サブスク、電子書籍、クラウドサービスへとビジネスモデルを革新しました。

[ビジネスモデルの事例]

ビジネスモデルの代表的な事例です。参考にしましょう。

1. 地域を支配（コンビニ）　特定の地域に多数店舗を展開。
2. 特定市場を支配（小型モーターなど）　特定の市場、製品で圧倒的な優位。
3. 顧客ライフサイクル（学習塾など）　子供の成長に合わせ囲い込む。
4. デファクトスタンダード（パソコン標準OS）　事実上の業界標準。
5. レーザーブレード（替刃カミソリ）　製品価格を抑え、消耗品で収益。
6. サブスクリプション（定額制など）　利用料方式で安定的・継続的に収益。
7. フリーミアム（webサービスで多数）　無料で提供し、有料版に誘導。
8. 広告（ネット広告）　閲覧は無料で、広告で収益。

・サブスクリプション

「サブスク」とも呼ばれ、最近の潮流のビジネスモデルです。購入せず、一定の期間、料金を支払って利用します。音楽配信、有料動画、ソフトウェア、クラウドサービスが代表的です。半導体製造装置関連では、装置の稼働状況から得られるデータ解析と併せて提供し大きな成果を上げています。安定稼働に価値があることに気づいた結果です。

・スマイルカーブ

　収益の比較で、上流（企画や部品）と下流（流通・サービス・保守）の付加価値が高く、中間（組立・製造）の付加価値は低いということを表す曲線を、スマイルカーブと呼びます。一方で現在では中間にあたる日本の高品質のもの作りの価値が見直されています。自社のビジネスモデルを考察するうえでヒントとなります。

・ビジネスモデルの変革を検討する

　変革を次のステップで検討しましょう。
1. 価値に競争力があれば、価値の提供方法やプロセスでは、DXをベースに検討します。
2. 実現できそうなビジネスモデルを模倣します。
3. DX人材育成など経営資源の補充も含め、実現する計画・予算を立てます。
4. 推進責任者を決めて変革を実行します。

Ⅲ.モノのサービス化

　モノのサービス化とは、「モノにサービスなどのコトを加える」ことで、製造業のDX変革が代表的です。近年はサービス業でも、「体験＝コト」を売る傾向があります。顧客を消費者ではなく価値協創者として捉える考え方もあります。魅力あるサービスを提供しましょう。

・サービス化する方法

以下のパターンがあります。
1. サブスクリプション：定額制や従量制などの課金で、サービスを提供します。
2. IoT：物をインターネットでつなぎ、取得したデータで新しいサービスを提供します。
3. 付加価値：特別の体験、購入後のフォローなどを付加価値として提供します。

［具体例］

エアコンメーカーが快適な室内環境を提供、タイヤメーカーが安定走行を提供、農機メーカーが効率良い耕作を提供、ホテルが体験を提供、医療機器メーカーが医療データ分析を提供。

・モノをサービス化するメリット

モノをサービス化するメリットには以下のようなものが考えられます。
1. データの継続把握で、新しい価値を提供します。製造段階から創造が可能です。
2. 同じ機能の場合には、差別化を図る手段になります。
3. モノを提供するだけではできない価値を生み出して提供することが可能になります。
4. カスタマイズも含めて、顧客の継続利用を促します。

5.安定した収入を確保することが可能になります。

・顧客の求める価値は何かを知る方法
　購入したあとの商品やサービスを利用する顧客の姿をいかにリアルに捉えられるかが重要となります。これを知る方法は以下のようになります。
1.顧客が商品やサービスを知り、興味を持って購入・利用し、また、利用の継続や再購入するまでの体験を「旅」に例えカスタマージャーニーといいます。
2.個人のデータ顧客の属性データや行動データを分析することでヒントがつかめます。
3.SNSで話題となっている事象を分析することも効果的です。
4.顧客アンケートもできれば一定の効果があります。

・モノのサービス化へのステップ
　モノのサービス化へのステップは以下のようになります。
　利用体験から新しい価値のヒントを得ます。メンテナンスや買い換えなども考慮します。
　どう提供するかを検討します。IoTで回収できるデータから、顧客に提供できる価値を検討します。
　どう採算をとるのかが重要です。サブスクリプション契約が典型です。

22　顧客を知り、働きかける

Ⅰ. お客様の声を聴く～CS向上へ

　お客様の声を集める方法にはアンケートなどがありますが、サービス業でも製造業でも、顧客の声から顧客満足向上につなぐ必要があります。

注）CSは顧客（Customer）満足（Satisfaction）です。

・お客様の声を聴くとは

「お客様の声を聴く」というのは、誤解を生じる可能性もあります。以下の点に要注意です。

1. 不満の声も満足の声も両方聴かないとわからない。
2. お客様に直接接してない場合には、努力・工夫をして集める必要がある。
3. 声を集めても、分析しないと活かせない。
4. お客様でも、発注する人と実際に使用する人で違う。
5. 販売代理店と最終顧客とで違う。

・お客様の声を集める

　お客様の声を集める方法には以下のようなものがあります。

1. 営業スタッフ、保守担当者、接客係が直接自分で聞き取る
2. 質問形式のアンケート

3. モニタリング、または覆面調査
4. 店舗などに置く自由形式のアンケート、サイトの問合せ機能
5. 定期的・継続的に行う調査
6. 顧客の購買データ管理による分析

・サービス業の場合

　サービス業では、対人が多いので、お客様の満足度がすぐに経営の結果につながります。安定した質の高いサービスを提供するためにも、お客様の声は貴重な情報です。飲食店などでは、ホール作業員の接客プロセスを分析すると、改善につながります。

・製造業の場合

　製造業では、買う側の要望を取り入れて初めていい製品を作ることができるわけですから、製造業でも顧客の声を聴くことは大切です。
　ISOの要求事項の中に顧客満足が入っています。

・経営のヒント

　お客様の声を聴いて放置したら逆効果ですから、対応をしなければなりません。お客様の声はビジネスチャンスです。隠れた意見や、少数意見の中に、「付加価値」「改善項目」などの思い付きにくい「経営のヒント」が隠されていることも

あります。成功した企業の多くは、顧客の声から真の顧客満足向上を図り、さらに新たなビジネスにつなげています。

Ⅱ. 対話型マーケティング

　対話型マーケティングとは、掲示板やチャットなどお客様との対話でマーケティングすることで、SNS時代に最適です。メリットはお客様の反応を知ることができるうえ、ファンができることです。気づきも生まれます。対話型マーケティングで顧客を「ファン化」し、ブランド作りをしましょう。

・対話型マーケティングとは

　対話型マーケティングは、お客様との対話でマーケティングを進めることです。会話型マーケティングともカンバセーションマーケティングともいいます。SNS時代には対話型は欠かせない手法です。

・対話の場の種類

　対話の場にもいろいろなパターンがあります。
1. ホームページ（掲示板がファンクラブに）
2. コールセンター
3. 店舗内の対話
4. 販売員の対話
5. 顧客同士の対話の場の提供

また、ネット上の対話やSNSの活用もあります。ある家電量販店は訪問修理で集めた顧客情報をダイレクトメールマーケティングに活用し、きめ細かいサービスにつなげました。

・進め方
　次のステップで対話型マーケティングを進めましょう。
1. 対話型を進めるためのマーケティング戦略を策定する。
2. 対話にふさわしい場を設定し、活発な対話の交換を支援する。
3. 対話の中から、顧客の求める「価値」を把握する。
4. 対話の中から、企業側の課題を抽出する。
5. 課題を解決する対策を講じる（仮説と検証）。
6. 対話の中から、顧客の変化や要望を分析し、戦略に反映する。
7. お客様の意見が反映されていることをアピールする。
8. リピーター、お得意様、ファンへ強化する施策を打ち出し、ブランドを強化する。

・新しい動向
　最近では新しい動向がどんどん出ています。
1. チャットボット（Chatbot）：ホームページ上などにチャット型のフォームを設置し、人間に代わりロボット（プログラム）が、疑問・質問に対してリアルタイムに対応を行い

ます。
2. インフルエンサー：人の思考・行動に大きな影響を与える人物を指します。
3. シーディング（種まき）：口コミの発生・拡散を目的とするプロモーションです。
4. ギフティング：インフルエンサーに自社商品を提供して紹介してもらう手法です。

・成功させるポイント

　以下のポイントに留意し、対話型マーケティングを成功させましょう。
1. お客様の生の声を聴いて活かすこと。
2. 対話の場ごとに目的は絞ること。
3. 企業側の持つ理念を共有すること。
4. フィードバックする仕組みを作ること。
5. 意見を好循環させること。

Ⅲ. 背中を押す〜顧客満足を向上させる売り方

「背中を押す」は、お客様の迷いを取り除くなど購入決断を後押しする行為です。お客様との共感を忘れずタイミング良く背中を押して顧客満足を向上させましょう。

・「背中を押す」とは

　背中を押すというのは、決断を促す行為です。お客様の購入時の迷いを取ることを意識すると、成約率が向上します。ただ、無理強いしないように注意します。営業ではクロージング（成約）のテクニックがあります。テレビショッピングの「この放送から30分間限定」「初回購入限定」などというのもこの「背中を押す」行為に当てはまります。

・背中を押す方法

　背中を押す方法には以下のようなものがあります。

1. 営業クロージングの場合
   （1）面倒くさい→実際に購入手続きをしてみせる。
   （2）あとにしよう→「今のほうがいい」と説明。期間限定特典なども。
   （3）他と比べたい→競合に比べておすすめする点を説明する。
   （4）不安感→既購入者の好評価などを伝える。
   （5）選択に迷う→おすすめの選択肢を極端案と比べて選ばせる。
   （6）安いかどうかわからない→他と比較しておく。予算や相場感を聞き出す。

2. ネット販売、テレビショッピングなどにおすすめ
   （1）期間限定　（2）数量限定
   （3）特典付き　（4）購買事例紹介

3.一般的に使える方法
 (1) ポイント制、会員特典
 (2) おすすめメニュー、日替わり定食
 (3) おまかせメニュー
 (4) お客様の評価を公表
 (5) 新製品、新規メニュー、新体験
 (6) セット販売
 (7) 購入後の抱き合わせ提案

・気持ち良く背中を押す方法

　気持ち良く背中を押すためには、以下の点が大切です。
1.聞き役となり、しっかりニーズを把握してから背中を押すと、強制感がなく効果的です。
2.お客様の現状から、迷う原因を推察することで、いい提案ができます。
3.自社の特性、他社との比較、強み、好評価などの準備が必要です。
4.主役はお客様であることを忘れないようにしましょう。
5.購入した方が好評価をして拡散できるようフォローも大切です。

Ⅳ. 非計画購買を促す

　実は顧客の購買データ・購買行動を分析すると意外なこと

がわかります。たとえば「非計画購買」というものがあります。スーパーでは、冷蔵庫にないから、あるいは今日の料理に使いたいからと目的を持って買うよりも、店内で見たり聞いたりして買うことが多く発生するのです。いわゆる「ついで買い」や「衝動買い」です。web販売サイトも同様です。買いたいと思った量よりも多く、あるいはワンランク上の商品を買ってしまうこともあります。売る側でこういう行動を分析することによって、スーパーやコンビニの品揃えや陳列レイアウト、館内放送が変わってきますし、web販売サイトのページデザイン、クリックボタン配列が変わってきます。後藤一喜・山本寛著『売れるロジックの見つけ方』によると、「計画外の買い物をさせるためには、買い手に『欲しい』と思わせるだけでは足りない。購買の必然性や合理的に納得してもらっただけでもまだ足りない。一番重要なのは、それらの情報を直感レベルで買い手の腑に落とすことである。」として詳細が語られています。なるほどです。研修の腹落ちに似てます。

V. ペルソナ〜モデル化する戦略

　ペルソナとは、顧客像を具体的な家族や生活のある人物として設定することです。ペルソナ設定で顧客理解が深まり、効果を発揮します。顧客変化を見逃さず、ペルソナを活用しましょう。

・ペルソナを作るメリット

　ペルソナを作るメリットには以下のようなものが考えられます。
1. 生活の中で満足する場面をビジュアルに想定することができます。
2. 絞った対象に向けて効果的サービスが可能になります。
3. 社内で理解し共有しやすく、共通観念が生まれます。
4. 新店舗の開設、新製品の開発に際し、ポイントを絞ることができます。
5. お客様の立場で考えることが可能になります。
6. デザイン思考では、あえて極端なペルソナを想定し、創造につなげます。

・ペルソナを作る方法

　ペルソナを作る方法には以下のようなものが考えられます。
1. 変化するお客様の生活パターンの情報を収集します。SNSが大きい情報源ですしインタビューも効果的です。
2. 典型的なパターンを整理します。属性・家族構成もあったほうがいいです。
3. 生活や趣味、交友関係などを肉付けし，利用シーンが思い浮かぶようにします。
4. 常連客をモデル像にするなどの簡易的な方法も考えられます。

5. 社内で話し合うと社員の思いが込められたペルソナができます。

・ペルソナの利用方法
ペルソナの利用方法は以下のようになります。
1. ペルソナの例
   属性データ：氏名、性別、年齢、住所、家族構成、職業、収入、お小遣い
   行動データ：SNSの利用状況、趣味、ライフスタイル
   ストーリー：当社のサービスを利用する動機や状況、関係するエピソード
   心理的要素：性格・価値観・信念・興味など
2. ペルソナに対して、満足度の高いサービスを提供するよう調整します。
3. 広告や製品、価格設定などを調整していきます。
4. 社内での共有を徹底し、ペルソナに適した接客をします。
5. ペルソナの食い違いや顧客の変化を常に把握します。

23　市場を知り、競合を知り、効果的な対策をとる

Ⅰ. 5フォース分析と競争戦略

　5フォース分析は、「事業環境」の分析を行うもので、市

場に働く5つの力で分析します。5フォース分析から4つの競争戦略を立案しましょう。

・5フォース分析とは

5フォース分析とは、マイケル・E・ポーター教授が考案した、外部環境分析のうち「事業環境」の分析を行うためのフレームワークです。経営戦略を考えるうえで、5つの競争要因（5フォース）があるというものです。いいものを作れば売れるという考え方には警鐘となります。

・5フォースの1～5

市場で働く5つの力は以下のようになります。
1. 同業他社との競合
2. 新規参入の脅威
3. 代替品の脅威
4. 仕入れ先の交渉力
5. 顧客の交渉力

・5フォース分析の手順

5フォース分析の手順は以下のようになります。
1. 市場のシェア、価格、店舗などさまざまな情報を収集するところから始めます。
2. 仕入れ先の分析では、「値引き交渉ができるかどうか」が、顧客（買い手）分析では、「コモディティ商品化で顧客が

優位＝交渉力が強いかどうか」がわかります。
3. 参入障壁が高ければ既存企業に有利ですが、代替品が強ければ、収益確保が難しくなります。
4. 同業他社の行動・戦略の調査・分析も参考になります。

・4つの競争戦略

　5フォース分析の結果市場での位置取りがわかると、そこに対応できる自社の競争要因をもとに、競争戦略を立案します。ポーターの4つの競争戦略が有名です。
1. コストリーダーシップ戦略（価格で勝負）
2. 差別化戦略（付加価値で勝負）
3. コスト集中化戦略（ターゲットで低コスト）
4. 差別化集中戦略（ターゲットで差別化）

・競争優位と差別化

　牧田幸裕著『ポーターの「競争の戦略」を使いこなすための23問』によれば、「自社の製品やサービスで突き抜ける提供価値があり」「唯一無二の状態まで持っていくことができれば、差別化は機能するようになる。」ということです。牧田先生の著書は「ラーメン二郎」「ハッピーターン」など具体例が多くわかりやすいヒントを与えてくれます。自社製品で模倣されない差別化をすることこそが戦術の要点になります。そのためには、顧客と自社製品の徹底した分析が必要です。

・4つの代表的なシェアのポジショニングと戦略

　フィリップ・コトラーの競争地位の類型化も自社の置かれている立場でとるべき戦略に有効な視点を与えてくれます。
1. リーダー：フルライン戦略
2. チャレンジャー：差別化戦略
3. フォロワー：模倣戦略
4. ニッチャー：隙間市場狙い

Ⅱ.ライフサイクル〜3種類のライフサイクル

　ライフサイクル（以下LC）には「製品のLC」「顧客のLC」「製品が顧客に使われるうえでのLC」があります。LCの観点から、顧客との長期的関係を築くことや、顧客の変化に対応することは、時間の流れが意識でき、継続的な理想の経営のための有効な戦略となります。

・**製品製造のライフサイクル（PLC）**

　製品のライフサイクル（PLC：プロダクト・ライフ・サイクル）は、「開発期/導入期」「成長期」「成熟期」「衰退期」の4つに分けられます（図2）。個々の製品の段階を把握することで製品に関する戦略の判断を行うことができます。主力製品が衰退期に入っているのかを見極め、改善するのか新製品を投入するのかを判断します。

図2　PLC（プロダクト・ライフ・サイクル）

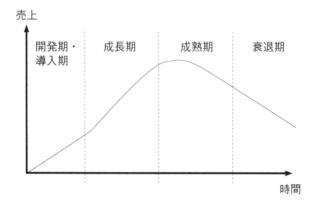

・**顧客のライフサイクル**

　顧客のライフサイクルを把握し、顧客の成長に伴うニーズ、好み、所得の変化に沿って戦略を変え、ラインナップを揃えます。

1. 自動車：独身用のコンパクトカーから、ファミリーカー、高級車に誘導します。
2. 教育：顧客の子供の年齢（幼稚園児、小学生、中学生、高校生）に応じて継続的に成長をサポートします。
3. 趣味：エントリー商品で趣味の世界へ誘い込み、上位商品へ誘導します。

・製品使用のライフサイクル

7つのステージに分けることができます。顧客購買ライフサイクルともいうことができます。ステージに応じた戦略をとります。買ってもらえるまでの戦略と買ってもらってからの戦略を意識して考えるといいです。

1. 認知：企業自体やサービス、商品について「知ってもらう」こと。
2. 興味：認知された見込み客に「興味をもってもらう」こと。
3. 検討・評価・見積もり：見込み客に購入の検討をしてもらうこと。
4. 購入：一度でも購入してもらうと顧客となる。
5. 使用・維持：満足度の高い使用をしてもらい、購入後のアフターフォローを維持すること。
6. ファン化：サービスや商品を繰返し購入してくれる顧客層を作ること。
7. 終息：顧客が使用を終了すること。

・LTV

LTV（ライフ・タイム・バリュー）とは、顧客が自社と取引きを開始してから終了するまでにもたらす利益の総額を算出する指標のことです。「顧客生涯価値」と訳されます。「安物買いの銭失い」という言葉もあります。高品質が大事です。顧客売上げは、最初の購入額は少なくとも保守維持費用を継続して支払ってくれ、再購入してくれれば、生涯では高額顧

客となります。サブスクの導入や保守の有償化は取り組むべき課題となります。

Ⅲ.中小企業のとるべき効果的な市場攻略

　中小企業が大企業と競い合う必要のある市場では、大企業と同じ戦略をとるべきではありません。中小企業のとるべき効果的な市場攻略方法があります。その方法としては「ランチェスター戦略」が有名です。日本では経営コンサルタントの田岡信夫氏が「ランチェスター経営戦略」として発展させました。「販売戦略のバイブル」ともいわれます。

・中小企業が参考とすべき戦い方

1. 狭いエリアの肉弾戦では、戦闘力は兵力数と武器性能に左右されますから、大きい企業と小さい企業の差が出にくくなります。
2. 広いエリアの遠距離戦では、戦闘力は兵力数の2乗と武器性能に左右されますから、より大きい企業が優位性を発揮しやすくなります。
3. 特定の市場でのシェアが大きければ中小企業でも大企業のような戦略をとることができます。たとえば市場を細分化することで、シェアが優位の市場を作ることができます。

・シェアが大きい企業の戦略

シェアが大きい企業の代表は圧倒的な戦力で模倣したり同質化したりする2番手戦略です。個別戦略は以下のようになります。

1. 広域戦：局地戦を避けます。
2. 遠隔戦：広告宣伝の力で顧客と店舗が対面する前に勝負を決めます。
3. 確率戦：自社製品、販売代理店を増やすなどして確率を高めます。

・シェアが小さい企業の戦略

差別化戦略です。個別戦略は以下のようになります。

1. 局地戦：市場の地域、製品の分野・機能などで狭い戦いをします。
2. 接近戦：顧客と接する時間を長くします。
3. 一騎打ち戦：競合が一つしかないような戦いに持ち込みます。

・4つの原則

以上から導かれる4つの原則は以下のようになります。

1. 地域戦略：地域ナンバーワンを目指します。
2. 流通戦略：弱者は新規チャネルの開拓、二次卸重視、プッシュ戦略、強者は一次卸重視、プル戦略、複数代理店特約店などの戦略が必要です。

3.営業員戦略：訪問時間や件数などの把握、訪問の効果的運用が求められます。

Ⅳ.ニッチ戦略〜戦わない勝利

　ニッチ戦略とは、誰も参入しない市場で独自の価値を提供する戦略です。競合の少ないニッチ市場を作り出しましょう。

　ニッチ（niche）は「くぼみ」「隙間」という意味です。ニッチ戦略とは、市場の隙間を狙い、小さな隙間のような市場でシェア、売上を得る戦略のことです。誰も参入しないような小さな市場で独自の価値を提供できれば、戦わないで勝利を得ることができます。

・ニッチ戦略のメリット
　ニッチ戦略には次のようなメリットがあります。
1.競争相手が少ない市場を選ぶわけですから、競争相手が少なくなります。
2.競争相手が少ないので価格競争も少なくなります。
3.価格競争も少ないので、収益率が高くなります。

・ニッチ戦略の成功事例
　ニッチ戦略の成功事例には以下のようなものがあります。
1.ファスナーの会社：ファスナーというニッチ市場だけで世

界的な企業となりました。
2. 高級車メーカー：超高級車というニッチ市場で成功しました。
3. コンビニ：スーパーの営業時間外というニッチな時間帯を狙い、朝7時～夜11時営業で成功しました。
4. フリマアプリ：煩雑でリスキーな中古品ネット市場で、価格固定で購入できるうえ、支払いの安全措置を取り成功しました。

・ニッチ戦略を成功させるためには
ニッチ戦略を成功させるためには、以下の点が大切です。
1. 未解決の課題は何か、それに応える付加価値はあるかを見極めます。
2. マーケット分析で見極めます。地理的に大手が参入できない地域はニッチとなる可能性があります。また、自社製品の独自性からニッチ市場を作り出すことも可能です。
既存大手が注目しない顧客価値もあります。カット専門の理髪店はそのいい例です。
3. 流行を追うことはニッチ戦略とはいえません。二番手戦略は大企業がやる戦略です。
4. 独占的に収益を確保するためにも、専門化としてのブランドの継続が効果的です。

24　戦略的な広報宣伝を行う

Ⅰ.ブランディング

　ブランディングは企業や商品の価値を高めます。ブランディングで企業・商品を差別化しましょう。

・ブランディングとは
　ブランディングとは、ブランドに対する共感や信頼などを通じて企業価値、商品価値を高めていくマーケティング戦略です。統一されたコンセプトで、商品、価格、デザインなどのブランドを確立します。そのうえで、企業としてのブランドを広めていきます。
　ユニークな商品名で一世を風靡した豆腐もありました。同じ程度の製品なら面白い製品名などで興味を持ってもらうのはとても大事です。

・ブランディングの構築
　ブランディングは統一して行う戦略なので構築のステップを踏みましょう。
1.市場分析から製品の顧客への訴え方、ポジショニングを決めます。
2.ポジショニングを訴えるブランド名やスローガンなどをコンセプトとしてまとめます。

ブランド名は価値を連想することが必要です。
3.ブランドコンセプトに従って、商品、サービス、デザイン、ロゴ、キャッチコピー、販売方法などを統一していきます。
4.確立されたブランドを発信し、維持・強化していきます。

・ブランド戦略で成功するためには
　成功するポイントは以下のようになります。
1.市場分析で訴求する相手、ペルソナに向けた戦略であることを明確にします。
2.コンセプト、価値を顧客が共感できるように発信します。スローガンも有効です。
3.ブランドイメージの浸透度や評価をチェックし、フィードバックします。
4.サステナビリティなどの社会貢献をアピールします。

Ⅱ. ストーリーで話す〜物語の力

　ストーリーとは「物語」「筋書き」です。ストーリーは伝える力が大きいため、戦略やブランディングで効果的です。顧客や社員の共感が得られやすく、目指すべき方向に向かっていくことで業績も向上します。

・ストーリーを活かす場面
　ストーリーは共感が得られやすいことから、戦略に活かす

という事例が生まれています。
・企業戦略をストーリーで発信する。
・上司が部下に伝えたいことをストーリーで伝える。
・ワークショップでストーリーをもとに対話をする。

・ストーリーの良さ
　ストーリーの良い点として以下のようなものがあります。
1.面白いから引き付けられる。
2.わかりやすいから伝わる。
3.結果が見えるので安心できる。
4.記憶に残るから伝播する可能性が高い。
5.聞き手が「疑似体験」をするのでビジュアルが鮮明になる。

・ストーリーを活かした広告
　ストーリーは広告でも活かされます。最近のCMでは、日常にその製品があることによる「幸せ」「便利さ」にフォーカスしたCMを描き、顧客やユーザーの共感を得ています。新しい機能を使うことをストーリーで見せることで、その機能の革新性がアピールできます。あるいは、創業者の「思い」や「苦労」のお話を聴かせるCMもあります。時代感や人の関係性が伝わり、創業時を思い起こさせる仕上がりになっています。

・ストーリーの作り方

　良いストーリーを作るコツには以下のようなものがあります。

1.結論から逆に考える。
2.面白いエピソードを入れる。
3.失敗例、苦労話は入れたほうがいい。
4.共感できる内容にする。
5.独自性がある。

第7章

人事と研修

この章では、戦略で重要な要素を占める人事制度と研修について学びます。近年はワーク・ライフ・バランスと働き方改革の実現が重要課題となっています。終身雇用の時代ではなくなりました。そういう時代の中でも、社員を大切にし、人づくりを大切にしたいと筆者は考えています。

25　人づくりの大切さ

Ⅰ. 米百俵〜将来のための人づくりは学びから

「米百俵」は、困窮していただいた「米百俵」を食べず「明日の百万俵となる」として学校を作った長岡藩の故事です。長岡の近代教育の基礎が築かれ、後年、山本五十六元帥などの多くの人物が輩出されました。学びたい点は、「リーダーが将来のための人づくりの明確なビジョンを持つ」ことです。学ぶ喜びを知る教育が、将来のための人づくりになります。学習する組織こそが、成長する組織です。

　学ぶことを重荷に感じる人もいます。しかし本来新しい知識を習得することは楽しいことです。学ぶ喜びを大切にすれば、進んで学んでくれます。笑顔の学びで成長を促進しましょう。

・米百俵から学ぶこと

　米百俵から学ぶ点は以下のとおりです。
1. 人材育成が企業の存続に欠かせないことを認識し、投資を惜しまないこと。
2. 周囲に反対されても将来への投資を優先すること。
3. 人づくりの明確なビジョンを持てば、説得もできること。

・人づくりこそが国を作り企業を作る

 日本は教育が充実しています。かつては高度成長を支えたわけですが、今では日本は国民性や文化などの「国の魅力」で世界から注目されています。これも学ぶ風土がもたらしていると思います。日本の企業にもその文化は根付いていて、多くの企業の競争力は、企業内のカイゼンなどの文化から生まれています。

 どんな企業でも人づくりは大切です。MBAなどの資格をとらせることは必ずしもおすすめしません。現場で起きていることを学びの教材にして、その企業にとって必要な研修を作ることを推奨します。企業独自の研修がその企業にしかない強みの拡大再生産になります。

・AI時代の学び

 生成AI、ChatGPTなどについて報道されない日はないくらいのムーブメントが来ています。仕事が大幅に早く正確なものに変わりつつあります。著作権や情報漏えいに注意した「AI時代の学び」のルールを作り、大いに活用しましょう。

Ⅱ.後継者を育てる

 後継者育成は、経営者が本気になることや経営方針や後継者像を決めることが成功のカギです。「経営者の思いをつなぐ」ように計画的に進めます。

・後継者選びの課題

　一般的には、「人材不足」「選び方がわからない」「阻害する原因がある」という課題があります。「選抜の判断が難しい」という理由も多いそうです。親族では、「親心」が阻害要因になってしまうこともあります。

・後継者の育成方法

　後継者を育成する場合には、次のような手順が考えられます。
1. 会社の経営方針の明確化、再確認。
2. 後継者の人物像を明確化。
3. 後継者の選出（複数の競争もありうる）。
4. その後継者候補に合わせた育成計画を作成。
5. 育成計画の実施とフォロー。

　時間がかかりますし、期待はずれのこともあります。後戻りしたり、途中でぶれたりしないように、経営方針の作成から、人物像明確化などの最初のところをきちんとしたうえで、フォローも大事です。後出しジャンケンやゴールを動かすのはやめましょう。

・育成のポイント

　育成のポイントは次のようなことが考えられます。
1. 早めに始め計画的に進めること

2.現場体験も含めて修羅場を体験させること
3.支える体制を作ること
4.経営者が本気になること
5.組織を一体として動かせる力を養成すること

・経営者の思い

　経営者の方は、「後継者はこうあってほしい」という思いがあるはずです。しかし、明確になっていないことが多いものです。これを経営方針や後継者人物像などを作成するときに、ヒアリングしながら形式知として作成していきます。

・成功のカギ
1.経営者が本気になること
2.経営方針や後継者像をはっきりさせること
3.早めに計画して育成すること
4.社内の受け入れに配慮すること
5.院政を敷かないこと

26　戦略を実現する人事制度

Ⅰ.人事制度の改革

　人事制度は、経営目的実現のための仕組みで中小企業にも不可欠です。時代に合った公平な制度で、魅力ある会社とな

り、採用と定着に効果を上げましょう。

・人事制度のチェックポイント
　人事制度が機能しているかのチェックポイントは以下のようになります。
1. 大企業の制度をそのまま中小企業に導入していないか。
2. 運用体制を考えないで形だけ導入していないか。
3. 戦略の実現に向けて、評価、育成、適材適所が一体として機能しているか。
4. 働き方改革などの動きに対応しているか。

・これからの人事制度の方向性
　人事制度には時代を反映した歴史的な変遷があり、方向性があります。
1. 成果主義：
　年功序列や能力主義を経て、成果主義と併せて目標管理が導入されましたが、目標管理は形骸化しました。成果主義で格差と不公平感が生まれたうえ、従業員のストレスが高まることで、メンタルヘルスへの悪影響につながりました。
2. 職務主義または役割主義：
　職務や役割（ジョブ）によって賃金や等級を決定する仕組みです。「仕事主義＝職務・役割主義」の人事制度、いわゆる「ジョブ型」は人材獲得を目的として、広まりつつあります。また「在宅勤務・テレワーク」との相性も良く、

関心を持つ企業が増えています。
3. 公募制：
人事異動から原則社内公募制へ移行しています。会社の戦略的な異動ではライフプランへの配慮が必要です。
4. 市場価値：
ジョブ型では報酬に個人の市場価値を反映させるのが潮流です。

・人事制度改革を成功させるためには
人事制度は形だけ導入してもうまくいきません。以下のポイントで成功させましょう。
1. その組織の理念・ビジョン・戦略にふさわしい制度であること
2. 経営者が、社員はコストではなく、貴重な財産であると考え、真剣に取り組むこと
3. 社員の満足度が向上し、現場に適応した運用がしっかりできていること

Ⅱ. 人的資本経営

人的資本経営は大企業で注目されていますが、人が業績に直結する点、人材の確保が必要な点などから中小企業こそ必要と考えます。

・**人的資本経営とは**

　人的資本経営とは、人材を「資本」として捉え、その価値を最大限に引き出すことで、中長期的な企業価値向上につなげる経営のあり方です。戦略の実現のために有効な人材を育て、評価する経営でもあります。「人を大事にする経営」でもあり、「人の価値向上」に着目する経営です。人手不足などの状況の中で、企業にとっても重要な課題に応えることを内外に示すことになります。「ジョブ型」雇用と相性がいいと思われています。

・**開示義務よりも内容**

　有価証券発行企業が対象となり、2023年3月期決算より、開示が義務化されました。有価証券報告書に「女性管理職比率」「男性の育児休業取得率」「男女間賃金格差」を開示する必要があります。開示を受けて、「メガバンク女性社員の賃金は男性の約4割」という報道もありました。一方、実態改善より開示制度が進行している実態があります。開示を義務と思わず、魅力ある人事制度のアピールと考えて、人事制度の改革を進めてはいかがでしょうか？

・**3P・5Fモデルで実現**

　人材版伊藤レポート[※10]では、人的資本経営を本格的に実現するためには「3P・5Fモデル」と呼ばれる人的資本経営のフレームワークが必要とされています（図3）。

図3　3P・5Fモデル

3P：人材戦略を検討する際の3つの俯瞰視点

| 経営戦略と人材戦略の連動 | As Is / To Beギャップの定量把握 | 企業文化への定着 |

5F：業種を問わず共通して取り組むべき5つの人材戦略要素

| 動的な人材ポートフォリオ | 知・経験のダイバーシティ&インクルージョン(D&I) | リスキル・学び直し | 従業員エンゲージメント | 時間や場所にとらわれない働き方 |

1. 3Pは、「人材戦略で俯瞰する」視点（Perspectives）です。
   (1) 経営戦略と人材戦略の連動
   (2) As Is/To Beギャップの定量把握
   (3) 企業文化への定着
2. 5Fは、組み込むべき人材戦略の要素（Factors）です。
   (1) 動的な人材ポートフォリオ
   (2) 知・経験のダイバーシティ&インクルージョン
   (3) リスキル・学び直し
   (4) 従業員エンゲージメント
   (5) 時間や場所にとらわれない働き方

・メリットのある人的資本経営
1. 人材に投資することで、育成が図られ、生産性も向上します。
2. エンゲージメントが高まり定着率も向上します。
3. 人を大切にする姿勢を内外に示し、企業ブランドを高めます。

Ⅲ. ジョブ型雇用

　ジョブ型雇用は、従来の日本型人事制度と異なり、世界の標準であり、職務＝ジョブを基本として人事制度や雇用制度を構築するものです。転職も促されるとともに、人事制度の標準化も求められます。人的資本経営や賃上げにも相性がいいので、採用を検討する必要があります。

・政府の方針
　政府は、新しい資本主義実現会議で、「ジョブ型雇用」導入例を公表する方針を示しています。「持続的な賃上げ実現には労働移動の円滑化が重要だ。日本企業の競争力維持のためジョブ型の導入を進める」という談話もあります。東京都中小企業振興公社の人財マネジメントハンドブックでも解説しています。

・従来型とジョブ型の違い

　違いは以下のとおりです。職能等級と職務等級の特徴を併せ持つ役割等級という制度もあります。
1. 長期雇用→転職しやすい
2. 新卒一括採用→中途採用
3. 年次管理に基づく年功制度→年次に関係ない職務能力で判断
4. 内部昇進、内部育成→中途採用、スカウト
5. 一律型人材育成→ジェネラリストかスペシャリストか
6. 人事集権→場合によって現場での人事
7. 職能等級による格付け→職務等級による格付け
8. 職能等級基準書→職務等級別職務記述書

・ジョブ型雇用への移行のチェックポイント

　各社の職務が標準的でない可能性もあります。
1. 理由を明確にし、現状分析から部分的に採用するなどの方向性を検討します。
2. 職務記述書を作成します。自社独自の職務内容がないかをチェックします。
3. 案を作成しコストのシミュレーションをします。
4. 賃金も含めて制度を設計します。スペシャリストとジェネラリストも決めます。
5. 標準的でない職務内容は変更するなど、時間をかけて円滑に移行します。

Ⅳ. 人手不足対策

　人手不足は深刻ですが、職種や企業規模でも異なります。対策としては、待遇、環境、教育、業務プロセスなどの改善、外国人雇用などがありますが、人を大切にする風土と仕事の価値の見直しが前提となります。好待遇で新しい雇用モデルの魅力ある企業を実現し、未来につなげましょう。

・人手不足とは
　人手不足とは、業務に必要な人が集まらず、業務に支障が出ている状態を意味します。人手不足に陥る企業の割合は年々増加しており、コロナ禍以降に顕著化しています。一般的には人手不足ですが、正確にいえば、業種でも違いますし、大企業か中小企業かでも事情は異なりますし、若年層か高年齢層かでも事情は異なります。

・人手不足解消の方法
　人手不足の解消方法は以下のとおり考えられます。
1. 待遇の改善：給与、ボーナス、有給休暇、残業、休日出勤などと正社員登用など。
2. 職場環境の改善：職場の人間関係、指導者の資質、労働時間、社風、人事評価。
3. 教育の改善：教育を充実させる、オンラインや動画などの導入、メンター制度。

4. 業務プロセスの改善：人手をかけない業務に改善、ムダをなくす、ITを採り入れる。
5. 障がい者雇用、外国人雇用などの導入：受け入れ体制整備とともに導入。
6. アウトソーシング：業務の一部または全部を外注する。
7. 企業イメージのアップ：募集しなくても集まるぐらいの魅力ある企業・職種を目指す。
8. 人を大切にする風土：会社の受け入れ体制が人材定着のカギとなります。
9. 多能工かつ熟練工化：計画的に多能工・熟練工化し、人材の有効活用を図ります。

・**矛盾点の自覚と改善**

　人手不足はミスマッチでもあり、矛盾点を改善する必要があります。
1. 応募してほしいが、魅力ある職場にする気持ちはない。
2. 正社員にはしないが、定着してほしい。
3. 人はほしいが、給与は上げたくない。
4. 即戦力を希望するが、マニュアル化は進んでいない。
5. 能力を発揮してほしいが、和を乱さないでほしい。

・**雇用改善の企業側の施策**

　雇用改善のために企業力をアップする点はいくつか考えられます。

1. 単純作業も提供する価値を認識し、公言します。
2. 社会貢献や地域貢献を広報し、魅力をアップする施策を展開します。
3. インターンシップで職場の良さを体験してもらうのは有効な手段となります。
4. 売上と収益力の改善で、給与増と雇用の改善を実現します。
5. 古い雇用モデル、赤字体質から脱却し、魅力ある企業となります。
6. 理想の社員をモデル像として採用媒体に紹介します。

27　戦略を実現する研修

Ⅰ. オンボーディング～育成と一体化

　転職が増えた今は、戦略実現のために定着させ戦力化するオンボーディング研修が重要です。ポイントは、信頼関係構築、戦力化のゴール設定、企業文化を含む全社共通内容の設定です。内容は多様性を認めて共感を大切にすべきで、1on1でのフォローも効果的です。

・オンボーディングと新人研修との違い
　従来の新人研修とは以下のとおり違いがあります。
1. 中途採用者も対象者であることから継続的に行われます。
2. 人事部門任せでも職場任せでもなく、会社全体の取り組み

です。
3. 集合研修主体とは限らずさまざまなパターンがあります。
4. 明確に配属後の職場での定着を意識して行われます。
5. 個別パターンも多いメンター制度などで、個別にフォローすることが多いです。

・ポイントを押さえてオンボーディングを実施

オンボーディングをするうえで以下の点を押さえましょう。
1. 定着させることが主眼となるので、信頼関係を築いたり、心理的な安全性を確保したりすることが重要です。
2. 戦力とすることが目標となるので、戦力となるゴールが必要です。
3. OJTだけでなく、企業文化の浸透なども必要となるため、全社共通とすることが望ましいです。
4. 社員を大切にする社風を再現し強化する制度とすることが重要です。

Ⅱ. いい研修〜教えないで行動変容を楽しむ

経営者の期待に添う研修には、行動変容が必要です。ワークショップでの気づきを行動変容に結び付けることで、個人の成長と会社の成果を両立させます。

・教えてはいけない

　私が研修の会社にいたときに、「教えてはいけない」と言われてびっくりしました。その理由としては、社会人はすでに人格が形成されていますから、外部からの情報を鵜呑みにはしません。疑いますし反発もします。そのため、自ら納得して咀嚼して初めて血となり肉となります。業界では「はらおち」といいます。情報の伝え方に工夫が必要です。そのためには、ワークショップの中で、対話を重ねて他人の意見も聞き「自分で気づいてもらう」ことが重要です。

・教材と現場の一体化

　教材の作り方も時代とともに進化しています。リアルな現場と教材との乖離をどう埋めるかが課題となります。

1. ケーススタディ：ケーススタディでは、過去の事例をもとに疑似体験し、対応力を高めることが目的となり、理論的な教材では習得できない能力を高めることができます。ケーススタディでその会社の必要なテーマに沿った事例を集めて分析することができれば、大きな効果が期待できます。

2. 経験学習：経験学習では、参加者の経験したことから学ぶ形をとります。教材をとくに作成する必要はなく、口頭で経験から学んだことを発表してもらいます。どこの会社でもどの職種でも、リアルな現場に適合できる手法なので、筆者はこの経験学習を推奨しています。

・効果的なワークショップ研修

　ワークショップという形の研修が今は主流です。ワークショップとは、参加者同士で話し合いながら、理解を深めたり、案を作り上げたりするためのセミナー・会議の進め方を指します。話し合いから気づいてもらうこと、あるいは相談しながら決めていくことを目的としています。

・行動変容を意識する

　経営者の方からは、「意識改革」を頼まれることが多いですが、本当に期待しているのは、よくいわれる下記の順序になります。

1.考えが変われば態度が変わる。
2.態度が変われば行動が変わる。
3.行動が変われば習慣が変わる。
4.習慣が変われば運命が変わる。

「行動計画」さらには「行動習慣」に焦点を当てることが効果的です。そのうえで、「行動の質を高める」ことを促します。しかし研修から戻るといつもの職場に溶け込んでしまいます。また、行動変容を押し付けすぎると、その場しのぎの帳尻合わせが出てきます。上司・職場の理解も重要です。定着しないと意味がないので、ぜひ楽しむ気持ちで研修を反映させましょう。

Ⅲ. いい１on１〜組織と個人を活性化する

　１on１とは、上司と部下の定期的な１対１面談です。社員育成、モチベーション向上、心理的安全性確保、ひいては業績向上につながります。

・１on１とは
　１on１とは、上司と部下で行う定期的な１対１の面談＝ミーティングです。15〜30分ほどの短時間で、週1回や月1回といった頻度で行います。人事評価面談は上司から部下への指導が中心になりがちですが、１on１は、部下の自発的な発言を尊重する「対話型コミュニケーション」です。一方、定期的に目的を持って行うことに意義があり、うまく活用すると効果的です。

・１on１がうまくいかない例
　１on１がうまくいかない例もあります。
1.部下を否定したり、批判したりする。
2.話題がないので沈黙する。
3.忘れて毎回同じ質問をしてしまう。
4.かえって信頼関係をなくしてしまう。

・１on１に必要な上司のスキル
　１on１は準備が大事です。上司は必要なスキルを習得して

ほしいです。
1. 話を聞く：コーチングのスキルが有効です。顔を見て話を聴いてうなずいてください。反応の様子を五感で判断します。上司に対しては、本当の思いを隠すことが多いので、非言語を読み解く力が必要です。表情の変化を見逃さないようにしましょう。
2. 意見を伝える：指示や命令でなく、アドバイスで気づいてもらいます。相手を尊重したうえで意見を言いましょう。
3. 信頼関係を築く：雑談も入れ信頼関係を築きます。心理的な安全性を確保します。自分から信頼していると伝えるほうがいいです。好意を伝える表情や明るい表情を心がけてください。たまにはジョークも有効です。

・1on1を成功させるために
以下のような方法で成功させましょう。
1. 制度の目標に沿って質問項目表などで管理するのも有効です。
2. 上司側は研修などの事前準備が効果的です。チェックシートなども効果があります。
3. 記録をとったり、報告をさせたりして、継続してマネジメントすることが有効です。
4. 貴重な時間ですから、時間どおりに行う必要があります。
5. 進め方などについて相手の意見を聞きます。第三者が聴く制度も効果的です。

6.会話内容が周囲に漏れないように注意します。上司への報告も確認するといいです。
7.1on1の記録・予約などが必要なのでIT活用も有効です。
8.心理的安全性を意識します。笑顔で始め、笑顔で終わりましょう。

28　キャリア開発とリスキリング

Ⅰ.キャリア開発～個を自律的に伸ばす企業

　キャリア開発は、社員が良いキャリアとなるよう計画し支援する取り組みです。ジョブ型雇用の時代には、研修・面談などで自律的・主体的に取り組ませることでモチベーションが上がり、組織も活性化します。

・キャリア開発～会社と本人とにメリット
　会社側のメリットは以下のとおりです。
1.組織の中での課題を与え、やる気を持ってもらうことで、組織も活性化します。
2.企業の中で成長してもらうことで、人材確保の定着にもつながります。
3.個人が組織の戦略に沿った形で成長することで、業績も向上します。
4.キャリアパスを設定することで人事制度と整合性を持たせ

ることができます。
5. 副業や兼業を推進しキャリアの多様性が本業に役立つケースもあります。

また本人のメリットもあります。
1. 自分の先行きに一定の方向性を持たせることで、安心につながります。
2. 話し合いで必要とされる能力が明確になり、安心して向上に取り組めます。
3. 将来の目的を持って、自信を持って仕事ができます。
4. 家族も含めた状況を相互理解したうえで、仕事と家庭の両立が可能となります。
5. 自分の処遇などの不安がある場合も、相互理解の場とすることができます。

・**キャリア開発の効果的な方法**
以下のように効果的に進めましょう。
1. 会社全体でキャリア研修。
2. キャリア面談を行う。
3. 代表的なキャリアパスを用意し、制度で実現可能とする。
4. 人事異動や出向も経験を積ませるための効果的な手段。
5. 人材を定着させ、経験を積ませるためには、副業を許可することも検討。

・新しいキャリア制度の例
1. 社内公募制度を昇進に導入、年次にかかわらず抜擢
2. 入社〇年で〇個の業務を経験
3. 専門性認定制度を設け可視化
4. 若いうちから次世代幹部候補教育
5. キャリアパスを複線化
6. ロールモデルを社外も含めて提示

Ⅱ. リスキリング〜学び直し

「リスキリング」とは学び直しですが、近年では、とくにDXスキルや知識を習得する意味で使われています。しかしDXに限らず、企業変革の方向に沿った学び直しを進めましょう。

・政府の考え
「リスキリング(Reskilling)」は2020年のダボス会議で「リスキリング革命」「2030年までに10億人をリスキルする」という世界目標が発表されました。

2024年5月23日内閣府の資料「誰もが活躍できるウェルビーイングの高い社会の実現に向けて①」では「生産性向上の切り札であるリスキリング推進をめぐる現下の課題に対して関係省庁が連携の上、女性、高齢者、就職氷河期世代等を含む全世代を対象としたリスキリングについて官民一体によ

る国民的議論を喚起すべき。」としています。日本の労働生産性が低いことの対策として捉えられています。

・リスキリングをどう進めるか
　会社が必要なスキルを持った人材を確保するためには、組織的に推進します。
1. 組織として戦略的に必要な人材の持つべきスキルを特定する。
2. 現状分析をして比較し、足りないスキルを特定する。
3. 必要であれば、学びほぐし、アンラーニングをする（古い学びを捨ててもらう）。
4. 各個人の必要なスキルを特定する＝内容は組織戦略に合致することが望ましい。
5. 必要なスキルを学ぶ。PDCAで継続する。
6. 急速に進む生成AIに対応するためのリスキリングも必要になる。

29　個人に焦点を当てる　　　～内省・経験学習・強い個

Ⅰ. 内省する～経験から学ぶ

　深い内省と対話を社員の習慣にまで広めると、全社の改善行動につながります。

・内省とは

　内省とは「自分の考えや言動、行動について深く省みること」です。自分が経験したことから学ぶことです。ロミンガーの法則[※11]では「人が成長する7割は業務経験、2割が薫陶、1割は研修」としています。

・内省のポイント

　以下の内省の正しい方法ができるまで習慣化します。
1. 日常の中で見過ごしがちなことも意識的に深く振り返りましょう。
2. 良かったことも悪かったことも振り返ってください。
3. 自己批判ではなく、教訓を引き出し、次に活かす学びにつなげましょう。
4. 「マネージャーとしてのスキル」などテーマを持つと学びが得られやすくなります。
5. 学びを活かした行動をしてください。
6. サイクルとして繰り返すと効果が出てきます。
7. 未知の領域へのチャレンジを忘れないようにします。

・経験学習モデル

　経験学習では、コルブの経験学習モデル[※12]に沿って効果を高めましょう。
1. 経験：自分の経験
2. 省察：振り返る

3.抽象化：教訓を導き出す
4.行動：教訓を行動に活かす

・マネジメント研修

　リーダーの育成には、経験から学ぶことが必要です。初めてマネジメントする人は「部下が言うことを聴いてくれない」というような悩みを持ちます。新任のマネージャーでグループを作って、内省会をすると効果的です。ベテラン指導者のアドバイスも効果的です。

・内省で学習する組織へ

　内省は反省で追い込むことになりやすいので、楽しく進めることを意識しましょう。マネージャーから始めて、組織全体に広めると効果が上がります。日常の経験の内省だけでは限界もありますので、理論学習やテーマ選定をうまく組み合わせれば、その会社に必要な内容で、会社全体が学習効果を上げることができます。経営者の悩みに「教材が実態に合わない」ことと「研修の効果が出ない」ことがあります。内省を組織的に取り入れると、会社の実態を反映した、行動につながる、社員教育になります。暗黙知や実践知の学びになります。グループでお互いに内省した点を話し合う機会を与えることで、共有も進みます。いわゆる理想的な「学習する組織」となることができます。本書のご活用もご検討ください。

Ⅱ.強い個を育てる〜強いチームとなるために

　会社では強い個が必要です。ジョブ型雇用ではなおさらです。サッカー日本代表は個が強くチーム力もあり、お手本です。強い個を育てるためには、組織に合った成長目標・プラン・成長機会の提供などが大切です。組織の価値に合致するよう強い個を育て、組織の役割を果たすようサポートし、強いチームにしましょう。

・強い個を育てるとは
　社員には公平な教育の機会を与える必要がありますが、優秀な社員を選抜して育てることが禁じられているわけではありません。ジョブ型雇用では、重要なポジションを特定し、それに必要な高いスキルを持った「強い個」を育てる必要があります。

・強い個を育てる必要性
　すべての能力ではなく、戦略上必要なスキルと本人の目標を一致させます。幹部候補生には、「コンセプチュアル・スキル」を重視します。
1.開発力において優秀な社員は、大きな開発戦力となる。
2.経営能力の高い社員は、戦略の実現力が高く、大きな戦力となる。
3.チームをまとめる力の大きい社員は、プロジェクトの優れ

たリーダーとなる。

参照 9 Ⅰリーダー育成

・強い個を育てる方法

年次などで平等の扱いをせずに以下の方法をとります。
1. 職務のコンピテンシーやジョブのグレードを明確にし、個別に高い目標を与える。
2. 職責、専門性、能力などを把握したうえで、高いレベルのキャリアプランを作る。
3. 意欲ある者には積極的に成長の機会を与える。
4. 思い切った権限委譲で自主性を育てる。
5. 継続的な成長を促すため、支援とフィードバックをする。
6. 専門職か経営幹部かの適性を見極め、方向性を持たせる。

・強い個を活かす方法

強い個を活かす方法は以下のようになります。
1. 上司が個の強さを認めるとともに、チームの中で果たす役割を正しく与え、サポートすることが重要です。
2. チームメンバーが個の強さを認めるとともに、お互いに協力し合うことが大切です。
3. ベストプラクティスの公開と展開を制度化します。
4. 個の強さから反発が出ないように、お互いに意見を出し合う雰囲気が重要です。
5. 処遇を工夫して離職を防ぎます。

30　上司の役割
　　～褒める、叱る、動機付け、感情に配慮

Ⅰ.上手に褒める

　会社では、評価と育成が重要です。そこで「褒める」提案です。方法は「感謝とねぎらいを伝える・具体的に褒める・行動を褒める」です。「3つ褒めて1つ叱る」の要領で行うと、会社が奨励する行動が明確になり、行動改善にも寄与します。日常的に褒める文化がおすすめです。

・なぜ褒める必要があるのか～二宮尊徳の教え

　小言や叱責は、頭に入ってきません。信頼関係を先に作る必要があります。相手を承認することです。そのためには、「褒める」ことが効果を持ちます。よく「3回褒めてから1回叱れ」ということがあります。これは、二宮尊徳の教えから来ています。「可愛くば、五つ数へて三つほめ、二つ叱って良き人となせ」

・褒める面談の役割

　会社の中では、個人の評価を伝える必要があります。評価を伝えて、成長してもらわなければならないからです。それを、「褒める面談」にしてほしいのが、私からの提案です。次のような役割があります。

1. 褒めることで、自分の長所やできているところを知ってもらう。
2. 相手を自分が認めていることを伝える。
3. 信頼関係を築く。
4. 評価を伝える。
5. 自分の短所やできていないところを知ってもらう。
6. 成長のための目標を確認する。
7. 目標達成のためのサポートを約束する。
8. モチベーションを上げる。
9. 会社が奨励する行動が本人の行動として明確になる。

・上手に褒める方法

　面談での褒める方法です。
1. 感謝とねぎらいを伝えましょう。
2. 相手の行動をしっかりと観察して、観察に基づいて個別具体的に感謝し褒めましょう。
3. 結果より、プロセスや行動に注目して褒めましょう。

・上手に褒める3原則

1. 時間を置かない。
2. 具体的に褒める。
3. 心の底から褒める。

・育成のために褒める
　育成のために褒めることは以下のような意味があります。
1. 夢を持たせる。
2. 長所を伸ばす。
3. 萎縮させない。
4. 一人一人を認める。

・評価のために褒める
　評価のための褒める方法は以下のようになります。
1. 観察に基づいて、成長や変化を褒めましょう。
2. 結果を褒めるよりは努力を褒めるほうが再現を期待できます。
3. 小さなことに思えても、褒めることで何かが伝わります。
参照　18　目標管理で促すこと〜いい行動といい習慣

Ⅱ. 上手に叱る〜成長のために

　パワハラと受け取られることを恐れ叱れない上司が増えていますが、会社統一の方針を作り、成長のため自信と愛情を持って叱りましょう。

・「叱る」とは
　叱るとは、目下の者の言動の良くない点などを指摘して、強くとがめることです。「怒る」だと怒りの感情が優先して

ますが、「叱る」のほうは、指導の要素が入っています。しかし「指導」だけではありません。だからこそ、「叱る」必要性に迫られることになります。でも叱らない上司は6割だそうです。

・叱り方のチェックポイント（パワハラになる恐れ）
1. 大声で叱責していないか。
2. 大勢の前で叱責していないか。
3. かんしゃくを起こすなど、感情をぶつけて叱っていないか。
4. 時間が経ってから叱っていないか。
5. くどくど繰り返していないか。
6. 暴言や侮辱をしていないか。

・上手な叱り方の方法
　上手な叱り方の方法です。
1. 会社全体で叱り方の方針、ルールを作り徹底する。
2. 叱る原因となる「ミス」「失敗」の原因を、叱る前にヒアリングする。
3. 何が問題か、なぜ叱るのかの理由を明確に伝える。
4. なるべく時間を置かないで叱る。
5. 個別に呼び、公然とは叱らない。
6. 繰り返す場合は、原因と対策を伝える。
7. 変えるべき行動を示す。
8. フォローする言葉を忘れず、サポートする姿勢を示す。

9.相手の事情や能力のレベルなどに応じて変える。
10.心理状態を見ながら叱り、追い込まない。

・叱り方を成功させるポイント
　これからの叱り方のポイントです。
1.相手の話を聴くことで、理解度や納得度が大きく変わります。
2.相手を尊重する姿勢を示すことで、定着率も上がります。
3.時間を置きすぎると叱られる理由が納得できなくなります。
4.指導により行動や意識を改善することが目的です。
5.ライフワークバランスなどの考え方を受け入れる姿勢を示します。
6.罪悪感ではなく、理想に向かうという良心で行動を変えます。

・叱る必要性
　以下の場面では、上手に叱りましょう。
1.成長を促す。
2.人間関係を良くする。
3.良心を形成する。
4.驕りを戒める。
5.自己中心だけでは会社内がうまくいかないことを伝える。
6.考え方の違いを乗り越える。

Ⅲ. モチベーションアップ

「モチベーションアップ」とは仕事への意欲を引き出す「動機付け」です。外発的動機付けより、達成感などの内発的動機付けが推奨されます。内発的動機付けを進めるためには、小さな成功を積み重ねて自信を深めることが必要です。内発的動機付けで成果を出しましょう。

・外発的と内発的

モチベーションアップでは外発的動機付けと内発的動機付けの違いがあります。

1. 外発的動機付け：金銭的報酬（給与、賞与、昇給、報奨金など）や非金銭的報酬（昇進、表彰、賞賛、承認、パーティ、旅行）
2. 内発的動機付け：達成感、成長感、有能感、自己実現

外発的動機付けには下記の問題点があるため内発的動機付けが必要だといわれています。

(問題点)
・もらえないことが「罰」のように感じる。
・勝ち負けの結果で関係が悪化する。
・理由が関係ないので結果だけにとらわれる。

・内発的動機付け

「内発的動機付け」は、達成感、成長感、自己実現などに働

きかけます。指導の中で、「自律性」「熟達」「目的」に焦点を当てます。大きな目的に向かって自律性を持って熟達することを指導するということになります。「外発的動機付け」の「お金をもらえる」ということより、自分なりに成長する喜びを味わわせるということです。

・リーダーの役割
　リーダーは笑顔の職場を作り、内発的動機付けを進めましょう。
1. 会社のビジョンとそのビジョンでの期待を社員に伝えます。
2. リーダーは目指すべきロールモデルとなり、楽しい笑顔の職場を作ります。
3. 継続的に創造的な思考を支援して、惰性を排し、挑戦意欲をわかせます。
4. 日頃から社員のオンリーワンの価値を認めます。
5. 戦略に沿った行動を促し、自己効力感をサポートします。

・目標とマイルストーンとフィードバック
　目標を持ち、実現するプロセスが大事です。
1. 会社の戦略に沿った自分のゴールを設定します。
2. ゴールを分割して、マイルストーン達成を確認しながら進めます。
3. 適切なフィードバックが重要です。「承認欲求」を満足さ

せることです。褒めるのも効果的です。

・自己効力感とセンス・オブ・コンピタンス

　自己効力感は、「目標達成・遂行」について抱く自信です。モチベーションアップのためには、「自己効力感」を高めることが重要です。簡単にいうと、小さな成功を積み重ねて、他人に認めてもらい、自信を深めるということです。業務の技能が向上することでもたらされる満足感に着目する「センス・オブ・コンピタンス」は近い概念です。目標が到達しても弱まることはなく、業績によって補強されるというメリットがあります。

Ⅳ.感情マネジメント～雰囲気のいい職場作り

　感情マネジメントは対話の基本ですからとても重要です。怒りをコントロールするアンガーマネジメントも大切です。感情に配慮できる雰囲気のいい職場を作りましょう。

・感情マネジメントとは

　感情マネジメントとは、感情をコントロールすることです。EQ (Emotional Intelligence)は感情（こころ）の知能指数と訳されます。EQが高い人は感情をコントロールできる人であるともいえます。EQが高い人の組織は活性化します。

・怒りのコントロール〜アンガーマネジメント

　アンガーマネジメントは、怒らないようにすることではなく、怒りの感情と上手に付き合うためのトレーニングです。自分の怒りを感じたら、まず6秒待って怒りを静めるという「6秒ルール」があります。感情を引き起こす出来事があって、「怒り」につながり、暴発的な言葉や行動につながります。そこで6秒待ちなさいというわけです。

　このプロセスでは「認知の歪み」「思い込み」「自動思考」が影響することが多いです。

・人は感情で行動する

　上司から言われたことが、「理屈ではわかるが、従いたくない」という気持ちになることがあります。夫婦喧嘩も同じです。感情は思考や行動に影響を与えています。人は感情で行動するといっても過言ではありません。感情マネジメントでこの仕組みを理解して、組織を強くしましょう。

・EQを高める研修

　ストーリー仕立ての動画や、ロールプレイでEQを高めましょう。

　対話は感情のキャッチボールです。基本を学びましょう。
1. 自分と相手の感情をそれぞれ認識しながら対話をします。
2. 強い球を投げて相手が捕りづらそうだったら反省して、次は緩い球に調整します。

3. 相手の球（言葉・表情）を受けることで、感情も推測し、共感します。
4. 認識と推察・共感と調整を繰り返します。
5. 元気を出したいときはワクワクする言葉と笑顔を交換しましょう。

時間の贈り物

　ある欧米の会社の文化に「時間の贈り物」というのがあって、とくに上司が部下に対して惜しみなく時間を使うそうで、新しい部下を迎えたときに発揮されます。

　組織には、組織文脈と組織人脈があります。社内に長くいると気づきません。新しくメンバーに入ると、言葉の意味がわからないこともありますし、ニックネームで呼ばれてたりして誰のことかわかるまで時間がかかることもあります。もちろん社内ネットワークの使い方などのその会社特有のルールなども学習する必要があります。人の経験はさまざまですから、人によって理解しているところと理解していないところも違います。オンボーディングでは、こういうことを意識した親切心が必要ですね。

第8章

ワークショップ・問題解決・意思決定

戦略を効果的に実現するためには、一方的な命令ではなく社員の理解が不可欠です。会社ではさまざまな会議やワークショップが戦略実現のために行われていますが、問題解決や意思決定が納得感のある形で迅速に行われる必要があります。この章では、それらの進め方を学びます。

31　いい会議とファシリテーション

Ⅰ. いい会議～笑顔と創造の場

　会議は非効率なだけでなく、会社の雰囲気を悪くする傾向があります。会社発展のため会議を「笑顔と創造の場」にしましょう。

・いい会議にする対策
　会社の中の会議をしっかり認識してデザインすることから対策は始まります。
1. 現状の会議を洗い出し、目的をはっきりさせムダをなくす検討をします。
2. 現状の課題を明確にして改善の方向性をデザインします。
3. 会議主催者と改善案について決定します。
　（1）会議の目的と会議名と参加者
　（2）会議ルール（グランドルール）の決定と周知
　（3）時間管理
　（4）資料の作成と配布
　（5）司会進行とファシリテーションの導入
　（6）会議終了前の確認の徹底
　（7）議事録
4. 思いどおりに改善できないこともありますのでレビューして継続的に管理します。

・会議ルールの例
1. 時間を厳守する。
2. 他人を批判せず建設的な意見を言う。
3. 発言を遮らない。
4. 意見は誰の意見かではなく、内容で検討する。
5. 部門の垣根を取り払う。
6. 会議の様子は他言しない。
7. 楽しく対話する。
8. 司会者を尊重する。
9. スマートフォン・パソコン持ち込み禁止

・会議改善の事例
1. 会議で決めたことを実施する責任者も決める。
2. 会議で意思決定者を決める。
3. 最初に沈黙の時間を作る。
4. 会議の時間を分単位で決める。
5. 模造紙に付箋（ポスト・イット®）を貼り、撮影して議事録とする。
6. パワーポイントを禁止する。
7. 空席を作り顧客とする。
8. 会議にユーモアを導入する。
9. 何も決めない会議を開く。
10. 経営会議の司会者は社長（決定権限者）にさせない。
11. 社長は参加しないで会議のあとで決める。

・笑顔と創造の場

　会社の発展のために建設的な会議をやる以上は、「笑顔と創造の場」にしてほしいと思っています。「笑顔」があれば、楽しいですし、自律性も持て、生産性も上がります。「創造の場」という意識を持てば、単なる情報共有でなく、何かを生み出すことにつながります。ファシリテーションで「笑顔と創造の場」を作り出してほしいです。

Ⅱ. ファシリテーション
　〜会議とワークショップと組織変革

　ファシリテーションは、「人と人との相互作用（関係性）を促進する働き」と定義されています。ファシリテーションのスキルを学ぶと、会議、ワークショップ、朝礼などあらゆる場面での利用が期待されます。リーダーに求められるスキルともいえます。組織変革自体にも活用できます。ファシリテーションのスキルで会社を活性化しましょう。

・ワークショップとファシリテーション

　ワークショップは、参加者が発言を行える環境で、ファシリテータと呼ばれる司会進行役を中心に、参加者全員が体験するものとして運営されます。講義型の研修よりは、課題解決などのいろいろな役割をしやすい形態です。ワークショップは企業に欠かせない手法であり、それを活かすのがファシ

リテーションです。

・ファシリテーション
　ファシリテーションのスキルは大きくは下記のようになります。
　司会だけではなく、会議メンバー、議題などの全体構成も含めて企画・運営します。
1. プロセス
　(1) チーム設計：目的にふさわしいメンバーを選定します。
　(2) プロセス設計：目的にふさわしいプロセスを設計します。起承転結、発散収束など。
　(3) プロセスマネジメント：場をコントロールします。
2. コミュニケーションスキル
　「問いかけ」や「受け止め」があります。
3. プロセス別スキル
　「交通整理」や「結論出し」があります。

・悪い会議の種類とファシリテーションの例
1. 上司によるワンマン会議
　上司に理解を求め、上司発言の場を確保し、反対意見の発言も認める雰囲気を作る。
2. 発言がない会議
　威圧しないよう理解を求め、ちょっとした意見にも感謝する雰囲気を作る。

3.叱責の会議(ほとんどの経営会議)
　失敗の原因ではなく、成功の対策に焦点を移す。

・組織変革とファシリテーション
　組織変革において重要なのは、会社組織全体をファシリテーションすることです。良質な問いかけで組織の力を引き出すことで、組織変革が成功します。

32　ワークショップの企画と設計

Ⅰ.ワークショップを企画する

　目的に沿ったワークショップを実施することで新たな知を生み出すこともできます。ワークショップにはいくつかの型があります。また、フレームワークやゲームなどの構成要素もあります。適切なファシリテーションで効果的なワークショップを開催することで、企業内の創造や融合の場が増加します。

　ワークショップでは下記の分類を組み合わせて使うことも可能です。
1.個人ワーク：一人で考えさせる。
2.ペアワーク：ペアで考えさせる。
3.グループワーク：グループで考えさせる。

・効果的なワークショップの企画の仕方

　ワークショップは型を持って企画するのが効果的です。
1. オープニング：本日のゴール、ルールの確認、主催者挨拶があります。チェックインとして自己紹介、近況報告、ゲームなどで場を温めます。
2. 本体：目的に沿ったものを用意します。適宜フレームワークを使用します。長時間にわたる場合は、適宜休憩、昼食などをはさみます。2日間にわたる場合は、1日目の夜に懇親会なども行います。
3. クロージング：終了後の業務分担を決めた場合などは成果を確認します。チェックアウトとして感想を話し合います。主催者からの挨拶、お礼が入ることもあります。最後にアンケートを配付します。

・目的に応じたワークショップの設計例

　ワークショップは目的に沿った「仕掛け」をすることで、参加者から多くのことを引き出すことができます。新たな知の創造の場となります。
1. 課題を発見するワークショップ
　現状報告／改善点のアイデア出し、各自複数ポスト・イット®、フレームワークKPT／全体討議で絞り込み、今後1か月は何に注力するか／成果確認
2. チーム力を高めるワークショップ
　チームについて考える、理想のチームとは／メンバーが信

頼を感じる仕掛け（ペアワークなど）と感想の話し合い／どんなチームになりたいか各グループで討議して発表（寸劇もあり）
3. 部門のビジョンを定めるワークショップ
リーダーズインテグレーション／不安を吐き出す／資源を確認する（親和図法）／方向性を揃える／グループごとに部門もビジョンを討議し発表／全体討議で決定／自分の貢献を各自発表

II. フレームワークを使う
〜実りあるワークショップのために

ワークショップは、フレームワークで成功に近づきます。問題把握から意思決定までの、マインドマップ、特性要因図、ロジックツリー、意思決定マトリックスなどがあります。フレームワークで、アイデア出し、意思決定だけでなく、事業計画作成にも効果を上げましょう。

・フレームワークとは

フレームワークとは、考え方、意思決定、分析、問題解決、戦略立案などの枠組みのことです。ビジネスを進めるうえで、戦略の立案のためにワークショップを開いたりしながら議論をすることがあります。この場合に非常に役立つツールです。これがあるとないとでは結果に大きな差が出ます。

目的ごとの最適なフレームワークをご紹介します。

・発散と収束

「発散」でたくさんアイデアを出し、その中から適切な答えを「収束」で導き出します。この順番を意識しないと混乱します。多くの会議では、収束の段階になってから、アイデアが出てくることがあります。「発散」はブレーンストーミングが最適です。以下は「収束」も可能です。

1. マインドマップ：真ん中にテーマを書いて線を伸ばして5～6個のサブテーマ、さらに線を伸ばして関連するアイデアを書き足していく（図4）。
2. As is/To be：左の欄にAs is（現状）、右の欄にTo be（目標の姿）を書き出し、まん中の欄にAction（そのギャップを埋める解決策）を書く（図5）。

・原因分析

1. 特性要因図（フィッシュボーンチャート）：矢印の直線に小骨の位置に特定した要因（4～5個）を書き、さらにそれぞれの小骨に小骨を（4～5個）書き足し、根本原因を探る（図6）。
2. プロセスマップ：仕事の流れをプロセスに分けて図に書き出しボトルネックがわかったら改善する。

参照　35　Ⅳプロセスマップ～業務改善と連携強化

図4　マインドマップ

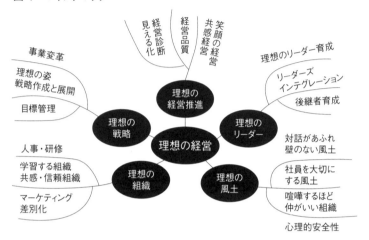

図5　As is/To be

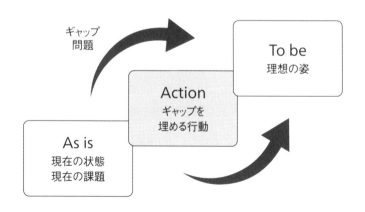

図6 特性要因図

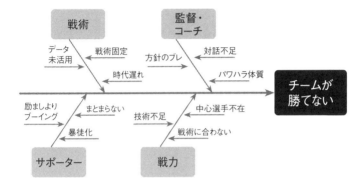

図7 ロジックツリー

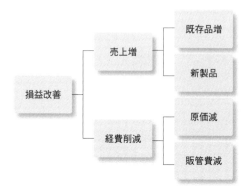

図8 親和図法

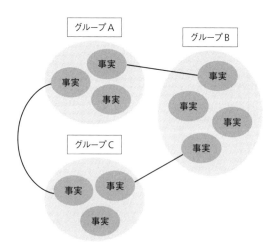

・解決策を考える
1. ロジックツリー（HOWツリー）：解決策をツリーまたはピラミッドのような形にして、書き出し漏れや重複を防ぎます（図7）。
2. 親和図法：個々の事象を書き出し似ているものを集めて輪でくくり、共通項の名前を付けラベルを貼ります。さらにその上の段階で似ているものがあれば、線でつなぎラベルを貼ります。ありきたりの分類にならないように注意します（図8）。

・最善策を選ぶ
1. ペイオフマトリックス：横軸に実現性、縦軸に実効性の4象限を作り、個々の解決策をマッピングして、ペイオフ関係を整理します（図9）。
2. 意思決定マトリックス：一覧表の縦に個々の案を書き出し、横に評価項目と重みを書き、各欄を埋める。評価項目の重み付けで、結果が変わるので要注意です（図10）。

Ⅲ. ゲームをする〜実りあるワークショップのために

　ゲームは「場をほぐす、頭をほぐす、チームを作る、学ぶ」などの効果があります。これらを効果的に取り込めば実りあるワークショップとなります。

図9　ペイオフマトリックス

図10　意思決定マトリックス

	評価項目1	評価項目2	評価項目3	評価計
アイデアA	3	2	3	8
アイデアB	2	3	2	7
アイデアC	3	1	2	6
アイデアD	2	1	2	5
アイデアE	1	3	1	5

・進行とゲームとフレームワーク

　ワークショップの成否は進行に左右されますが、進行をするのが、プログラム設計をはじめとするファシリテーションであり、その中の「ゲーム」と「フレームワーク」です。「フレームワーク」で論理を整理し、「ゲーム」で感情をコントロールすると、ワークショップは大きく成功に近づきます。

・場をほぐすためと自己紹介のアクティビティ

　場をほぐしたり自己紹介したりするアクティビティを紹介します。
1. うそつき自己紹介：自己紹介3個のうち1つ嘘を入れて、当てさせます。
2. 他己紹介：二人一組で、ヒアリングしてから、相手を紹介します。「褒めまくる」のような制限付きも面白くなります。
3. 私はこんな人：趣味などの質問の回答を読み上げ、誰のかを当てさせます。

・頭をほぐして意見を出させるアクティビティ

　頭をほぐしたり、意見を出しやすくしたりするアクティビティは、以下のようになります。
1. ○×クイズ：クイズを作り、常識問題からそのワークショップに近い内容に誘導します。

2. 穴埋め問題：経営理念などで穴埋め問題を作ります。
3. フェルミ推定：直感的に予測するのが難しい数値を論理的に概算して答えを出してもらい、その根拠も説明してもらいます。

・チームを作るアクティビティ

　チームを作るためには以下のようなアクティビティが効果的です。
1. 人生で一番誇れること、嬉しかったこと、つらかったこと　二人一組で過去の人生を話してもらいます。場合によっては、相手にどう感じたかを発表してもらいます。
2. ペーパータワーというゲームで、紙を重ねてタワーを作ります。協力し合いながら作ることでチーム力を高めます。

33　対立解消と問題解決を着実に行う

Ⅰ. 対立を解消する

　会社で必ず対立が発生します。むしろ対立が発生しない組織のほうが不健全です。そこで対立を解消する正しい方法を知り、実践することで、問題が解決に向かいます。対立を恐れず正しく解消すれば、いい会社に近づきます。

・対立の背景

　社員が多様化しています。正社員、派遣、契約社員、嘱託など雇用の違い、世代、ジェンダー、障がい、外国人などさまざまです。販売代理店などや仕入れ先などとの協働プロジェクトも多くなっています。考え方や文化、立場の違いが対立の背景にあります。

・対立の種類

1. 立場の違い（上司と部下、ベテランと新人、男と女）
2. 組織の違い（部門間の対立、合併会社間の対立）
3. 価値観の違い（世代、文化、国籍、生い立ちなど）
4. 対立軸（コスト対投資、スピードと安全・熟慮など）
5. 感情（好き嫌い、しこり）
6. 認知の歪み（決め付け、自動思考、過大・過小など）

・対立の解消方法

1. 回避：対立を回避します。あえて保留もあります。
2. 分配：得られる利益を対立する当事者間で分配します。WIN-LOSE（勝敗あり）。
3. 交換：得られる利益を対立する当事者間で交換します。WIN-WIN（勝敗なし）。
4. 創造：得られる利益を創造します。対立要因をなくします。

・対立解消のファシリテーション
1. 信頼関係を構築します。
2. 対立の状況を確認し、対立点を明らかにします。
3. 対立の原因を特定します。
4. 対立解消策（回避、分配、交換、創造）を話し合います。
5. 威嚇、暴言などが出てきた沸点には介入します。
6. 合意点を見つけ出します。TOC（制約理論）、合意形成フレームワークが有効です。ただし、ファシリテーションへの過度の期待は禁物です。結局は当事者次第のこともあります。

・対立解消のワークショップ
1. 対立するグループに分けてホンネを話し合うのがオーソドックスです。
2. 困難な場合は、移動を可とするワールドカフェ、未来を予想するシナリオプランニング、というテクニックが有効です。

Ⅱ. 問題解決～問題に追われないために

　会社で日々発生を繰り返す発生型問題に追われると、成長のために必要な設定型問題が疎かになります。発生型、設定型ともに全員参加で課題解決を行えば、いい会社に近づきます。

・問題解決の発生型と設定型

　実は問題には日々発生する発生型の問題と、理想の姿に近づくために設定する設定型の問題＝課題があります。多くの会社は繰り返し発生する発生型問題に追われることになります。会社の成長のためには、設定型の問題＝課題も欠かせませんが、手が回らないことにもなります。経営者がこの問題をタイプ別に理解して取り組まないと、いい解決につながりません。

・問題の分類

　問題解決において問題の分類は以下のようになります。
1. 発生型問題：日々現場で発生する問題です。緊急性が高いのが特徴です。
2. 発生する問題から設定された問題＝課題：繰り返される発生型問題に対して共通の問題があぶり出されると、課題として設定されます。
3. 理想から設定する設定型問題＝課題：発生型問題とは別に、高い理想を実現するために設定される課題です。この設定型問題＝課題に取り組まないと、企業の成長は望めません。

・発生型問題の正しい対処法

　発生型問題に対しては以下のように対処します。
1. 問題の確定：発生した問題の問題点を確定します。真の論

点を探ります。
2. 目標の設定：解決の目標を設定します。数値化できる場合は目標の数値を決めます。
3. 原因の分析：原因を分析します。思い込みを排除し、真の原因を探ります。

　たとえば、減収の理由が事業環境と思うなら、増収の会社はないか調べます。
4. 対策の立案：原因を除去する対策と予防策も立てます。
5. 実行：対策が徹底しないと再発します。
6. 評価：対策の効果を評価します。問題点があれば修正することになります。

・設定型問題で理想の姿を目指す

　発生型問題から切り離して考えます。理想の姿から設定する課題です。この場合は、環境の変化、市場の変化、競合の変化などの要素から、あるべき理想の姿を考えて課題を設定します。設定型問題に対しては以下のように対処します。
1. 理想の姿の確定：ミッション、ビジョン、バリューなどを参考に理想の姿を確定します。
2. 現状分析：理想の姿に対応する現状を分析して確定します。
3. 目標設定：理想の姿となるための目標を設定します。リスクや阻害要因も分析します。
4. 実行・評価：実行と評価は発生型と同じです。

経営主導で組織全体が取り組む必要があります。組織変更や社員教育も視野に入れます。

34　意思決定を迅速に行う

Ⅰ. 毎日決める～個人編

会社生活は決断の連続です。大きな目標に向かって、個々の人が正しく迅速な決断と行動ができれば、会社は良くなります。

・決断が不足する原因

決断が不足するパターンには以下のようなものがあります。
1. 先延ばし癖
2. こわがる
3. 情報不足
4. 対立
5. 考えすぎ
6. 目的が不明

・正しい決断のプロセス

迅速さは大事です。決断にいたる正しいプロセスは以下のようになります。

1.課題と目的を決める。
2.選択肢を考える。
3.決める基準を考える。
4.選択肢を比較する。
5.一番良い選択肢を選ぶ。

・比較表やディシジョンツリーを作る
1.比較表
　案を並べて、そのメリットとデメリットを書き出すだけで、簡単な比較表を作ることができます。比較表を作る作業の中で、自分の頭の中が整理されていきます。そこで足りない情報があることがわかれば、それを追加する作業をします。
2.ディシジョンツリー（図11）
　テーマが決まったら、選択肢を枝分かれのように書き出します。枝分かれは2段階ぐらいが適当です。枝分かれした選択肢のそれぞれに、費用や効果などを書き出して比較します。こちらは、選択肢の枝分かれがいいところで、計画的なプランを決断するときにピッタリです。

・決断の振り返り
「内省」は決断の中でも重要です。「決断の目的は明確だったか」「決断の選択肢は十分だったか」「選択肢の比較は十分だったか」「決定する基準は正しかったか」「比較したうえで

図11 ディシジョンツリー

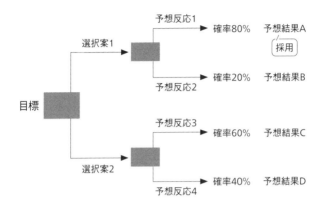

決断したか」「大きな目標に向かって決断できたか」などです。しっかりと内省できれば、今後の自信にもつながります。

Ⅱ.毎日決める〜集団編

会社では集団の意思決定が重要ですが集団浅慮になる恐れがあります。納得感の高い集団意思決定で、会社は良くなります。

・集団の意思決定の特徴

集団思考あるいは集団浅慮という言葉があります。集団で

意思決定する場合には、個人の意思決定より質が劣る傾向があります。こうならないように注意して会議を運営する必要があります。

1.楽観主義あるいは悲観主義（リスキーシフト）
2.無反省な前提
3.過去の合理化
4.ステレオタイプで決め付け
5.異論への圧力
6.多数意見を全員一致と思い込む。
7.参加者個々の責任感が薄れる。

・**集団浅慮の危険性**

　集団浅慮の状態は組織の病状ともいえるので、自分たちで気が付かないのが一番困る点です。いわば、集団で裸の王様状態なわけです。

　アメリカのチャレンジャー号爆発事故も、問題点が多数あったのに成果を求めるあまり打ち上げを強行したといわれています。

・**意思決定マトリックスとプロコン表を作る**

　意思決定過程を正しく行うことで、集団浅慮を防ぐことができます。

1.意思決定マトリックス：
　複数の案の比較表を作るときに、評価点を付け、その合計

点で比較します。項目にウェイト付けをして数値を変えることもあります。また、合計点が多い案が平均的で物足りないこともあります。

2.プロコン表：

テーマまたは候補案の是非を決める場合に使用します。項目ごとに賛成と反対の理由を書き出していきます。ここでも、理由の数で決めるのではなく、重みを付けて比較することが重要です。

・意思決定のためのファシリテーション

発散から収束への意思決定の過程でファシリテータには次のようなスキルが必要です。

1.共感する。
2.本質を見極める。
3.さまざまな視点を持つ。
4.舵取りで進行する。

・集団浅慮を防ぐ対策

組織の病ですから、組織的・構造的に対策を練る必要があります。

1.会議に「悪魔の代弁者」を置き、あえて反対意見を言ってもらう。
2.会議体を2つに分けて結論を持ち寄る。
3.意思決定者と司会者を分ける。

4. 反対意見を歓迎し、少数意見を議事録に残す。
5. 外部の参加者を入れる（社外取締役など）。
6. ありきたりの結論になったら、その本質や背景をもう一度深く掘り下げる再考を促す。

第9章

理想の経営のための経営改善と信頼される会社へ

この章では、経営改善の手法と内部統制について学びます。経営改善には多くの手法がありますが、その会社の実情に合った改善をしていきます。長く信頼される会社を目指すためには、内部統制を強化するとともに失敗から学ぶ必要があります。

35　経営改善の手法〜現場強化から　　新しい時代の変化まで

Ⅰ.経営改善〜赤字からの脱却

　経営改善のプロセスは、状況を把握したうえで、戦略と調和する経営改善策を提案、実施し、定着させます。断固たる決意で強力に粘り強く推進することが大切です。

・経営改善のプロセス

　経営改善の依頼を受けた場合は、以下のようなプロセスをとっています。
1. 経理の数字からあらゆる分析をします。現場把握も大事です。時系列比較やセグメント分けがポイントです。赤字なら原因を確定します。
2. 分析結果から、効果の大きい対策の方向性を提案します。
3. 決定した方向性をもとに、具体的な「計画書」を作成します。
4. 具体策を実施したうえで、効果を検証し定着も進めます。試算表などで常時状況を把握する習慣を付けます。

・赤字解消策
1. 赤字事業、赤字商品の撤退・縮小
　商品のプロダクトサイクル（PLC）、PPMなどの分析が

有効です。撤退に伴うマイナス面（信用面、モチベーション）を考慮しての総合的な判断です。撤退しても減らない固定費（正社員人件費、本社配賦費）が原因の赤字は再考が必要です。

2. 固定費の削減
賃料減額または移転、業務の外注化を行います。
3. 商品価格の見直し
値上げが困難な場合は、一部変更して新商品として売り出し、入れ替えていきます。
4. 売上増加計画
赤字事業、赤字商品の反省から、黒字が見込める分野に注力します。
5. 資金繰りの改善
売掛金の回収早期化、買掛金支払いサイトの見直し、返済条件の見直しを行います。

・応急措置と根本治療の使い分けを戦略に

　赤字解消が必要な緊急時には思い切った応急措置をとります。併せて長期的な視点から事業の根本的な改善を図る必要があります。それらを「計画書」「戦略」にまとめて実行していきます。

Ⅱ.見えないコスト削減～BPRと企業体質強化

「見えないコスト」とは、見えにくい業務のムダな「作業量」と「時間」です。DX推進やリモートワークも効果的です。全分野で見直し、企業体質を強化しましょう。

・見えないコストの種類
　見えないコストを種類に分けて事例で考えてみます。
1. プロセスや仕組みが原因で常に発生するコスト：承認・確認、過剰品質、待ち時間、移動、長距離輸送、頻繁な納入、過剰な教育、効果の出ない採用広告、各部門間の連携不足、紙管理によるファイリング、規則による届け出
2. 突発的に発生するコスト：計画変更作業、打ち合わせ不足による追加設計、トラブル処理、故障修理

・見えないコストの削減の仕方
　見えないコストの削減方法は以下のようになります。
1. 生産方式の見直しなどは大きな効果が期待できます。
2. 承認プロセスを省いたり、時間のかかっている部分を改善したりします。
3. 仕事そのものをなくす検討をします。やめる仕事も検討します。
4. 修理、トラブル、手直し、修正などの発生しない仕組みを検討します。

・BPR（ビジネス・プロセス・リエンジニアリング）

主な例です。

1. ERP（エンタープライズ・リソース・プランニング）システムの導入：財務会計や在庫組織内の情報を一元管理することにより、BPRの推進及び経営資源計画の適正化が可能となります。会計システムと請求書発行が連動するのは一例です。
2. シックスシグマの実践：統計学に基づいた品質管理のフレームワークをもとに業務プロセスを改善します。各業務プロセスを測定分析し、改善のためのアクションを実践します。
3. BPO（Business Process Outsourcing）の検討・導入：業務プロセスを一括してアウトソーシングします。受付や経理、ヘルプデスクといったバックオフィス業務が中心です。
4. SCM（Supply Chain Management）の検討・導入：生産から供給までの流れの情報を共有し、サプライチェーンの最適化・効率化を目指します。

・**企業体質の強化のために**

見えないコストを削減して企業体質を強化するためのポイントは以下のようになります。

1. ムリ・ムラ・ムダを削減する文化を定着させる。
2. 他社を凌駕するスピードアップを図る。

3.社内政治、忖度を一掃する。

たとえば新商品開発のスピードで他社を大幅に凌駕して大成功したアパレルメーカーがあります。

Ⅲ.現場力の強化

現場力強化は、経営戦略実現に不可欠です。現場・本社一体で自律的・継続的に改善する企業風土を目指しましょう。

・経営者の自覚

会社が発展すると、経営者と現場の間に距離が生まれてきます。そこで現場力を強化することが、経営改善の第一歩であると決意していただくことが必要です。

・現場力とは

現場力は、「生産・サービス現場の力量、常時発生する問題を自ら解決する能力」と定義されています。

現場で起こっている問題点を整理すると、以下の2つに分けられます。

・現場の問題
1.品質やサービスが劣化
2.課題に対症療法で済ませる日々

3.士気が下がる、悪い雰囲気
4.惰性から抜け出せない　など

・マネジメントの問題
1.現場をコストダウンの対象としてしか見ない。
2.改善方法がわからない。
3.現場優位で現場が経営者の言うことをきかない。
4.経営者のやりたいことが伝わらない。

・理想の現場
　理想の現場は、お客様に提供する価値を創造し、会社のビジョンを実現するために、自律的・継続的に課題を解決できます。そうなるために以下の対策があります。
1.現場の改善
　（1）作業環境・設備の改善
　（2）正味作業と付帯作業の切り分け
　（3）ムリ・ムダ・ムラの撲滅
　（4）現場作業の見える化
　（5）作業工程や工具などあらゆるものを標準化
　（6）5S。安全対策、危険予知（ヒヤリ・ハット）
　（7）QC活動の実践
2.マネジメントの改善
　（1）現場を把握する仕組み作り
　（2）現場の声、お客様の声を吸い上げる仕組み作り

（3）現場での教育充実
（4）自律的に改善する仕組み
（5）小集団活動の導入・褒賞
（6）現場を踏まえた戦略立案と現場への還元

・**本社主導のサポート**

　現場力の改善は、本社が企画して主導して、支援することが重要です。
1. 市場の変化、顧客需要の変化を読み取り、現場に必要な課題を決める力が必要です。
2. 発生する問題には、原因療法で根本から自律的に改善することが必要です。
3. 人員不足や製造設備の劣化への対処など現場力を維持する必要があります。

Ⅳ. プロセスマップ～業務改善と連携強化

　プロセスマップでは、他プロセスとの連結に焦点を当て、全体の効率を上げ、連携を深めましょう。

・**「プロセスマップ」とは**

　プロセスマップとは、ビジネスの流れをプロセスとして見える化して、他のプロセスとの関係を明らかにし、全体のボトルネックとなっている箇所を発見し、改善に取り組むため

図12 プロセスマップ（購買プロセスの例）

のツール（フレームワーク）です。他との関係も明らかにしますので、業務フローより大規模になります。連携し合い、影響し合うポイントに焦点を当てます。（図12）

・プロセスマップの作り方

　プロセスマップは以下のような手順で作ることができます。
1. 全体を階層化したうえで、マップで書き出すプロセスの階層を決めます。上の大きな階層から始めて、下の階層へ分析を進めることになります。
2. プロセスマップのインプット、アウトプットを決めます。
3. プロセスで使用する基準や設備、連結点など関連するもの

を書き出します。
4. 一連の流れがわかるようにチャートで図式化します。
5. かかわる全員で確認し漏れや重複をなくします。
6. ボトルネック、進行阻害要素、非効率要素、廃止できるステップ、効率化すべきタスクといった改善ポイントを見つけ、是正のための対策をとり、改善点を反映して更新します。

・業務フローでのサービス改善

　業務フロー図を作るだけでも、改善の効果があります。たとえば接客業では、飲食店の来客から会計まで、客の反応ごとに店員の対応も枝分かれして決めると、細かい対応が可能になります。サービスレベルの維持は、このマニュアルの出来にかかっています。

・プロセスマイニング

「プロセスマイニング」とは、従業員が行うさまざまな業務活動の「ログ」を取得したうえで、分析し、業務プロセスを可視化することで、業務改善に活用する手法です。対象業務における手戻りやボトルネックなどの課題が抽出でき、業務改善すべきポイントが明らかになります。

Ⅴ. DX推進〜経営改善と成長のために

　DXは、デジタルを活用した業務プロセスの改善だけでなく、製品やサービス及び組織全体を顧客目線で改革します。中小企業こそ必要であり、大きな価値創造をもたらします。

・デジタル化のステップ
　DXは非常に高い目標なので、次のようなステップを理解しないと混乱してしまいます。
1. デジタイゼーション（Digitization）：紙からデジタルに変えます。
2. デジタライゼーション（Digitalization）：購買業務、経理業務など特定の業務をデジタル化します。
3. DX（デジタルトランスフォーメーション Digital Transformation）：組織全体を統一してデジタル化します。ビジネスモデルそのものを変革して、組織、企業文化、風土をも改革していき、競争上の優位性を確立することを目指します。

・社内デジタル化
　DXという高い目標に行くまでは、その前にステップを踏みます。それまでによく行われている社内のデジタル化には以下のようなものがあります。
1. ペーパーレス化と電子承認、電子印鑑

2.会計ソフトと請求書発行システム
3.人事給与計算システムと給与の支払及び会計計上
4.購買システム
5.経費精算システム
6.RPA[※13](ロボット化)
7.ノーコードアプリ
8.ファイル共有
9.コミュニケーションツール

・グループウェア

　ほとんどのIT化の中で、業務特化プロセス以外をまとめています。従来はインストールソフトで提供されていましたが、クラウドが主流となりつつあります。

1.種類：Google Workplace、Microsoft365、desknet's NEO、サイボウズなどがあります。
2.機能：メール送受信、スケジュール管理、掲示板、共有設備の予約管理、ビジネスチャット、ファイル共有、社内SNS、社員名簿・連絡先共有、オンライン会議などがあります。
3.特徴：共通のアカウント管理ができます。セキュリティも統一して管理できます。

36　信頼される会社
　　～内部統制と失敗から学ぶ

Ⅰ. 信頼される会社～長く愛される会社

「信頼される会社」とは、社会から信頼される会社です。そのためには、信頼第一の理念と、信頼の製品・社員だけでなく「説明責任・透明性・倫理行動・法の尊重・関係者の尊重」などの実施が必要です。信頼のブランドで長く愛される会社になることができます。

「信頼される会社」は、多くの会社の理念に盛り込まれていますが、お客様だけでなく、もっと広い範囲の方々からの信頼を目指しています。外部の取引先や株主から信用・信頼されることにもつながります。

・コンプライアンス、内部統制、ガバナンス

　似たような言葉ですが、意味合いが異なります。

1. コンプライアンス

　法令遵守だけではありません。企業独自の行動指針を作り社内で徹底します。

　また、公益通報者保護法の改正で、社員301人以上の企業は内部通報制度が義務づけられました。パワハラやセクハラ、不正会計など幅広い分野が対象です。不正は見えないところで行われますから、小さな不正でも通報してもらい

早期発見に努めましょう。
2. 内部統制
　不祥事を防ぎ、適正に遂行していくために社内を統制する体制です。
　J-SOX法（上場企業の財務報告の信頼性を確保する内部統制報告制度）は、内部統制の有効性と信頼性について株主や投資家に情報を提供するものです。
3. ガバナンス
　健全な企業経営を目指す経営管理体制を指します。取締役と執行役の分離、社外取締役の設置、内部統制やリスクマネジメント部門の設置などが行われます。

・長く愛される会社になるために
　上記は義務でもありますが、長く愛される会社になるためにはさらに下記が必要であると筆者は考えます。
1. 信頼を大切にする独自の企業理念を持つ。
2. 顧客との信頼関係を大切にする・共感経営。
3. 社員を大切にする・むしろ社員ファースト。
4. 企業の革新を続ける・不易と流行。
5. 愛されるブランドを育てる。
6. 社会貢献や地域貢献の経営をする。
7. 小さな不正も許さない健全経営を社風とする。

Ⅱ. 失敗から学ぶ～原因分類編

　日本では、失敗すると謝罪に始まり謝罪に終わることも多いです。経営ではそこから学んで、次はうまくやろうという考え方が大事です。畑村洋太郎先生の『失敗学のすすめ』は「失敗は成功の母」を科学的に実証した本といわれています。

・失敗原因の分類
　ルールを守るという観点からは、4つに分類することができます。
1. ルールがなかった（未知）：対策はルールを作る。
2. ルールを知らなかった（無知）：対策はルールを教える。
3. ルールを知っていて守らなかった（故意と過失）：対策は、ルールを守らせる。
4. ルールを守っていても失敗した（変化）：対策はルールを変更する。

　環境の変化という視点は重要です。

・ヒューマンエラー
　ヒューマンエラーとは、人間が原因となって発生するミスや事故のことです。人間は間違いを起こすという前提で考え、予防策に重点を置きましょう。

・**失敗の分析**

　原因分析の手法としては、「特性要因図（フィッシュボーンチャート）」が有名です。魚の骨のように、関連する要因を枝分かれの中に分類していきます。また、3Hといって「初めて」「久しぶり」「変更した」ときに事故が起こりやすいといわれていて、原因分析や対策設定のヒントになります。品質管理には変更点管理・5M変更という考え方もあります。

・**失敗から学ぶ仕組み作り**

　失敗が明らかになったら、応急措置はとるとしても、そのあとの原因の分析と対策が大事になります。くれぐれも、「全社一層気を引き締めて対処」のような精神論で終わらないようにしましょう。

　対策として導入してほしいのは、次の2つです。
・フェイルセーフ：フェイルセーフ(fail safe)とは、製品やシステムに故障あるいはエラーが発生しても安全が維持できるように工夫することです。
・フールプルーフ：フールプルーフ(fool proof)とは、人間が誤った行為をしようとしてもできないようにする工夫のことです。洗濯機はふたを閉めないと回転しないように設計されていて、手をはさむ危険を予防しています。

Ⅲ. 失敗から学ぶ〜安全防災編

安全衛生・防災でも「失敗から学ぶ」ことは大切です。

・労災の分類

ハインリッヒの法則[※14]で、ヒヤリ・ハットが出てきます。ヒヤリ・ハットとは、重大な災害や事故に直結する一歩手前の出来事です。思いがけないことに「ヒヤリ」としたり「ハッ」としたりすることが由来で、事故や災害につながる要因を特定し対策する貴重な機会であり、リスクマネジメントの観点からも重要です。各現場には各現場特有のリスクがありますから、現場で発生するヒヤリ・ハットを分析することが重要です。厚生労働省のホームページには労災のヒヤリ・ハット事例が登録されています。イラスト入りでわかりやすくなっています。

何もない、平らな廊下でつまずいて転んで骨折した事例があります。年齢とともに、労災のリスクは高まります。職場単位で、起こりやすい分類があると対策につながります。

・現場でのKYT

KYT（危険予知訓練）は、作業や職場に潜む危険性や有害性などの危険要因を発見し解決する能力を高める手法で、厚生労働省のホームページでも紹介されています。KYTは、危険K、予知Y、トレーニングTをとったものです。「KYT4

ラウンド法」としたものが標準とされています。4つの工程で、1.現状把握、2.本質追究、3.対策樹立、4.目標設定という段階を踏みます。

・防災の大切さ

　防災についても計画的に対策していくと効果的です。従来は、火災や地震のときの避難が中心でしたが、集中豪雨などの気象災害の増加に伴い、対策も変える必要があります。避難場所が地震には適していても水害に耐えられないというリスクもあります。家族との連絡方法、在宅時の安否確認、帰宅ルートの再確認など、普段の準備事項も多くなります。

1. 防災計画：災害時の初期対応、緊急避難、救助活動、事業継続（BCP）など
2. 防災訓練：疑似災害訓練、避難訓練、救助訓練
3. 備蓄：飲料水、非常食、防災用具、医療用品など

37　理想の経営を支える部門

Ⅰ. いい法務～経営支援とリスク管理

　企業活動には法的リスクが伴います。企業に寄り添った専門家の選定が必要です。経営支援とリスク管理の重要な役割を持つ法務は、しっかりとした体制としましょう。

・**法務で気を付けること**（専門家に相談したほうがいいことです）

　一度チェックシートで点検するのがおすすめです。

1. 通常の契約は作成者が有利にできているので、必ずチェックしましょう。

　大幅な民法改正があったので古いひな形は使用しないでください。

2. 業界特有の注意点があります。たとえば下請法、談合などに注意してください。

3. 個人のお客様が多い会社は個人情報の管理に注意してください。

4. 取引前の交渉では守秘義務が必要です。秘密保持契約（NDA）を忘れないようにしましょう。

5. 許認可が必要な業種は、変更届けを忘れないようにしましょう。

6. 役員や株主との取引は会社法違反の恐れがあるので、手続きをしましょう。

7. 労務、税務、社会保険など毎年の法改正、制度改正に対応するようにしましょう。

8. 知的財産権（商標・特許・職務発明・職務著作）にも注意しましょう。

9. 人数による主な義務をチェックしましょう（詳細は法律で確認してください）。

　（1）10人以上：就業規則（労働基準法）、安全衛生推進者

（労働安全衛生法）
(2) 40人以上：障がい者雇用（障害者雇用促進法）
(3) 50人以上：産業医、衛生委員会、ストレスチェック
　　（労働安全衛生法）
(4) 51人以上：社会保険（年金制度改正法）
(5) 101人以上：一般事業主行動計画（子育て）（次世代法）
(6) 301人以上：男女賃金格差公表（女性活躍推進法）、内部通報制度（公益通報者保護法）
(7) 1000人以上：男性の育児休業の取得状況の公表義務（育児・介護休業法）

・**法務の攻撃的な役割**

　新しい法務の戦略的な役割には次のようなものが考えられます。
1. 電子契約、AI法務などDX化で業務革新
　契約ひな型の整備とリスク・注意点をまとめてFAQで社内サポート
2. 契約の背景となるリスク分析からリスク対策
3. 契約をもとに、見積もり、売上、回収、会計、資金繰りの業務プロセスを改善
4. 新規事業分野の法的問題、知的財産権検討
5. 組織再編・事業再構築・事業承継・M＆Aの法的問題検討
6. 労務関連法制度の傾向に即した人事制度の提案
7. 許認可などの行政との交渉

Ⅱ. いい経理～経営支援と信頼確保

　経理部門は任せっ切りにしたり、税理士に丸投げしたりする傾向があります。任せっ切りでは粉飾決算など不正のリスクが大きいことと、リアルタイムの財務状況を経営に活かすことを考慮すると、いい経理部門の確立が必要になります。

・オンライン化の普及

　銀行のオンライン処理が可能となり、クラウド型会計ソフトが普及しています。電子帳簿保存法も施行されています。インボイス制度も始まりました。請求書の電子化も可能となりました。これらの制度の進展に乗り遅れると他社との差が開きます。

・新しい経理の攻撃的な役割

　新しい経理の攻撃的な役割には次のようなものが考えられます。経理の数値を、戦略の立案・策定に活かすのが戦略経理の基本です。経営陣が積極的に関与し、目標を持って取り組みましょう。

1. 試算表などの速報を適宜報告
2. 数値の分析をもとに経営への助言
3. 事業計画の進捗管理
4. 不良債権などの予防
5. 税務制度への理解に基づく節税

Ⅲ. いい監査〜経営支援と統制

　内部監査は、経営者を補う効果があります。経営目標達成のための視点を共に取り入れることで、信頼性の確保とともに経営支援の攻めの効果も期待されます。

・三様監査とは
　監査は以下の3種類があり、三様監査といわれます。
　中小企業では、三様監査を全く置かないことも可能です。

・会計監査人
　会計監査人は以下のような制度です。
1. 設置義務：大会社及び委員会設置会社では、設置義務があります。
2. 職務内容：計算書類及びその付属明細書類の監査を行い、会計監査報告の作成職務を行う、株式会社の外部機関です。
3. 資格：公認会計士又は監査法人であることです。
4. 選任解任：株主総会の普通決議で選任・解任ができます。

・監査役
　監査役は以下のような制度です。
1. 設置義務：定款で設置される機関です。大会社かつ公開会社であれば、監査役は3人以上必要です。
2. 職務内容：業務監査と会計監査とがあります

3. 資格：欠格事由があるほか、取締役を兼務することはできません。
4. 選任解任：株主総会の普通決議で選任されます。
5. 監査委員：監査等委員会設置会社及び指名委員会等設置会社では監査役を設置することができません。

・内部監査
　内部監査は以下のような制度です。
1. 設置義務：任意で設置する組織です。大企業では内部統制整備が義務化され、内部監査を設置し、監査体制の強化と、運用状況の開示が必要です。有価証券報告書の提出企業は、内部統制報告書を提出します。
2. 職務内容：任意です。
3. 資格：任意です。
4. 選任解任：社内組織の任命になります。

・経営者の心構え
　監査はアシュアランス（監査・保証）とコンサルティング（診断・助言）の2つの機能を持たせることができます。「経営目標達成」「リスクマネジメント」「コンプライアンス」などの役割を期待できます。信頼を裏切らないためにも、「絶対に粉飾決算をしない、させない」という信頼性確保と、経営目標達成を両立させましょう。

損害賠償

　筆者は契約書の作成やチェックを依頼されることが多いのですが、損害賠償の文言で注意する点をお伝えします。

1.立証責任
　A「相手方に損害を与えた場合は損害賠償責任を負うものとする。ただし、自らの責に帰すべき事由によらない場合はこの限りではない」
　B「自らの責に帰すべき事由により相手方に損害を与えた場合は損害賠償責任を負うものとする」
　一見するとAとBは同じように見えます。ところが、Aでは「自らの責に帰すべき事由」によらないことを行為者が立証するのに対し、Bでは賠償を請求する側が相手の「自らの責に帰すべき事由」によることを立証するという違いがあります。この差は大きいので注意しましょう。

2.損害賠償の範囲の限定
　損害には通常損害と特別損害があります。契約が守られなかったことで一般的に生じると考えられるのが通常損害です。特別損害には機会損失、逸失利益のようなものが考

えられます。契約書に「一切の損害を賠償するものとする」とあったら要注意です。機会損失、逸失利益も請求されるリスクがあります。そこで限定する旨を明示した契約文言とします。

「損害賠償は、直接かつ現実の損害に限るものとする。また、〇条に定める契約金額をその上限とする。」契約で得られる利益より大きいリスクは負わないようにしましょう。

第**10**章

外に目を向ける

この章では、外に目を向けることの大切さを学びます。会社を取り巻く環境は常に変化しています。しかもその変化は年々早くなっています。社会への貢献も必要です。外部に目を向けることで、企業を正しい方向へ導き、競争力を強めます。

38　外に目を向ける
　　～事業再構築とサステナビリティ

　変化が激しい時代なので、外に目を向けることを推奨しています。これは、外部の変化に適応することや、現在の立ち位置を把握するために必要です。常に外部要因を把握していると、日頃発生する事象の背景もわかり、事業再構築などの対応をすることが可能になります。環境・社会などに対して価値を提供し、事業の持続可能性の向上を図るのがサステナビリティ経営です。

　会社経営では社内で発生する問題に目が行きます。最悪は社内政治に終始します。そうすると、外部環境の変化に対応できなくなってしまいます。ニーチェの「脱皮できないヘビは死ぬ」というのは名言ですね。

・外部環境の変化
　市場の変化や顧客の変化に影響を与える外部環境の変化の代表例は以下のようになります。
1. グローバル化：たとえばアジア各国が、価格競争では脅威になります。
2. インターネット：ECサイトなどはかなりの市場を占めています。
3. IoT、DX：IoTの活用も急拡大しています。
4. 生成AI：ChatGPTのおかげで急拡大中です。RPAもあ

ります。
5. 労働環境：人口減少、少子高齢化、ジョブ型雇用、非正規、外国人など激しく変化しています。
6. SDGs：企業のあり方、姿勢、方針そのものにも影響が出ています。
7. コンプライアンス・人権：パワハラ、セクハラ、モラハラ、トランスジェンダーなど人権問題への対応が拡大しています。
8. 感染症：非接触、オンラインなどへの対応が求められています。

・**事業再構築の事例**

　環境の変化に対応するため事業を再構築する例があります。事業再構築補助金サイトで紹介されています。詳細はご確認ください。

　以下は事業再構築補助金の例です。
1. 新市場進出：航空機用部品製造業者が、医療機器部品の製造に着手し、総売上高の10％以上となる計画を策定している場合
2. 事業転換：日本料理店が、換気徹底の焼肉店を新たに開業し、焼肉事業の売上高構成比が、最も高い事業となる計画を策定している場合

　また、事業再構築補助金の活用イメージ例を紹介します。

1. 解体工事業➡解体作業時に発生する素材を使用した燃料製造開始
2. 飲食料品卸売業➡米加工品製造及び販売開始
3. 半導体製造装置部品製造業➡技術を応用した洋上風力設備の部品製造開始

39　外に目を向ける～ベンチマーキング

　ベンチマーキングは他社の優れた点に学ぶという手法を制度化しています。大手アメリカ企業が採用したことで有名です。何を選び、どの会社を選ぶかも重要ですし、自社にどう活かすのかも重要です。また、社内のベストプラクティスの展開も効果的です。学習の大切さを自覚し定着させましょう。

・種類
1. プロセスベンチマーキング（管理プロセス、個別業務プロセス）
2. 製品ベンチマーキング（設計手法、コスト、プロセス技術など）
3. 財務ベンチマーキング（設備の稼働、流通、経営資源の配分など）
4. 戦略ベンチマーキング
5. 社内のベストプラクティス

・ベンチマーキングを進める方法
1. 何を対象とするかを決定する
2. どの会社と比較するかを決定する（なるべく高いレベル）
   （他業界からも可能です。スポーツの動作なども可能です）
3. 情報を入手する。
   公開情報、非公開は交渉後、現地訪問など
4. 自社と比較し、原因を探る。
5. 数値目標を達成する施策を検討し実施する。
   （ソフトの1Kあたり費用〇円以下、人件費〇％削減など）
6. 比較対象他社に追い付き追い越すまで継続する。

・成果を上げる事例
1. 間接経費を削減
2. 供給業者数を削減
3. 製品の設計期間を短縮
4. 仕入れ業務のプロセスを改善

・成果を上げるコツ
1. 推進チームと現場でよく話し合うこと。
2. システム思考の観点で比較する相手を分析して必要な要素を解明すること。
3. 自社向けに翻訳・補正したデータを目標とすること。
4. 効果のある数値設定とすること（平均値より最小値など）。
5. 情報取得方法の工夫で必要なデータを入手すること。

・**筆者が参考にした例**

　筆者は、清掃、ビルメンテナンスの会社に在籍時に、経済産業省おもてなし企業選から、清掃・ビル管理業の小集団活動などの事例を参考にしました。また株式会社JR東日本テクノハートTESSEIに関する書籍、遠藤功著『新幹線お掃除の天使たち』も配布して参考にしました。もともとは清掃の短時間化で新幹線の折返し運転増が、売上に寄与するという視点があり、各国のメディアにも取り上げられました。しかし効率化だけではないところがミソです。同書によると、「掃除のおばちゃん、手際がいいだけでなく、礼儀もハンパない。」というつぶやきが紹介されています。また、エンジェルリポートという「現場でコツコツがんばっている人たちを、現場の上司や仲間たちが褒める仕組み」を著者は賞賛しています。会社の仕組み（システム）の中で、清掃員が創意工夫とおもてなしを実現しており、仕事に誇りが持てる好例として学ぶことができました。

40　いいパートナー関係〜共に成長する

　取引先は「パートナー」であり、自社の足りない部分を補うだけでなく、品質や顧客満足向上のカギを握ります。

・**パートナーとは**

　ビジネス上の「パートナー」は、取引先を「対等な相手」

として認識するところから使われるようになってきた言葉です。ビジネスプロセスのあらゆる場面でアウトソーシング＝外部に資源を求めることは可能です。パートナーが事業の成否のカギを握ります。単なる取引先という概念から、事業の成否を握るパートナーと考えると、踏み込んだ協力関係を築くことにつながります。

・仕入れ先の選定と仕入れ先に求めるもの

　大切なパートナーの一つに仕入れ先があります。原材料や部品供給の形もあれば、製造委託もあります。仕入れ先に求めることは、納期、品質、価格において満足できることです。とくに品質は自社製品の信頼性に大きな影響力を持つことがあります。知的財産権も含めて継続的に評価する必要があります。必要なときに必要な量だけ素早く供給できるかがカギになります。世界的な半導体不足が教訓となりましたが「仕入れ」る力が業績に大きく影響します。SESと呼ばれるシステムエンジニアの業務委託では、偽装請負というリスクがありますが、その点に注意したうえで、専門性・スキルとともに信頼関係に基づくパートナーシップが重要です。

・アライアンスの成功

　パートナーに関する戦略については、広い意味では企業提携＝アライアンス戦略ともいわれます。アライアンス先の選定には次のような点の注意が必要です。

1. 戦略や企業文化でも適合すること
2. リスク分散しても耐えうる体制であること
3. 品質向上など成長についていけること
4. 自社を補うこと＝自社にない顧客層を持つなど

41　倒産企業から学ぶ
　　～失敗しないために

・「倒産」とは

　倒産とは、経営がうまくいかなくなり債務の支払いが不能になり、経営を続けることができなくなる状態を指します。再生する場合もあります。パターンとしては、銀行の取引停止処分を受ける、私的整理をする、裁判所に会社更生手続、民事再生整理、破産手続、特別清算などの開始を申し立てる場合です。

・倒産企業から学ぶ理由

　倒産企業の原因を探ると、意外にも急成長期に倒産することもあります。経営者が気づかない落とし穴があります。倒産という企業経営における最悪の事態は、わかっていてもその落とし穴にはまってしまいます。最近は物価高倒産や承継者難倒産以外に、老舗企業のコンプライアンス違反倒産が目に付きます。その原因を探り、類型化することで、日常の企業経営のうえで学べることは多いと思います。対策は日頃か

らリスク管理をすることが大切で、財務管理と資金繰り、バランス良い拡大策、取引先の分散、陳腐化回避などが必要です。失敗しないために倒産企業から学びましょう。

・倒産企業のタイプ1＝成長期
1.急成長で資金繰りに失敗
2.社員が退職あるいは人材難
3.画期的な技術で話題先行も赤字のまま

・倒産企業のタイプ2＝停滞期
1.ビジネスモデルの陳腐化
2.新規施策に失敗
3.企業内部に問題を抱える

・倒産企業のタイプ3＝リスク破綻
1.粉飾決算型
2.取引先の倒産が引き金
3.突発的な事象
4.大手顧客の方針変更
5.社員の不満
6.詐欺被害
7.知財の権利侵害

・倒産の原因の整理

倒産の原因をまとめると以下のようになります。
1. 資金繰りの失敗
2. 採算のとれない新製品の失敗
3. 過度な新規出店が負担
4. 過度な設備投資が負担
5. 金融機関から見離される
6. 不正・粉飾など内部の問題
7. 顧客・取引先など外部の変化
8. 不況など社会情勢の変化

・倒産しないための対策

以下の対策で倒産を防ぎましょう。
1. 事業計画の実施で、売上や経費をしっかり管理すること
2. 財務管理で資金繰りに余裕を持つこと
3. 設備投資や出店は財務状態から見てバランス良く行うこと
4. 顧客や取引先は分散すること
5. 製品の陳腐化、顧客離れには早急に対策すること
6. リスクに関する管理・対策をしっかり行うこと
7. 専門家のチェック・アドバイスを仰ぐこと
8. 日頃の社内外の変化を見逃さないこと
9. 小さな不正も許さない社風とすること

42　伴走型コンサルタントを利用する
　～自走できる経営のため

　経営コンサルタントは、第三者目線でアドバイスができ、経営改善に有効です。伴走型コンサルタントで自走できる経営を実現しましょう。

・コンサルタントが必要な理由

　経営コンサルタントが必要な理由は次のとおりです。
1. 第三者目線のアドバイスで経営者が気づくことができる。
2. 得意な専門分野の知見を提供できる。
3. 経営コンサルタントの経験からアドバイスできる。
4. 経営者の相談相手として心理的にも支えることができる。
5. 自社内で足りないノウハウを移植できる。
6. 公平公正な目で組織や人材を評価できる。

・コンサルタントの導入で
　失敗しないためのチェックポイント

　下記のとおりです。
1. 仕組みを変える・新しい制度を導入することだけが目標となっていないか。
2. 解決すべき課題が本当の問題点とずれていないか。
3. 赤字解消など短期的な成果だけに目を奪われていないか。
4. 現場を無視する強引な手法で反感を買っていないか。

・コンサルタントの選び方

　コンサルタントを選ぶ際には下記の点の注意が必要です。

1. コンサルタントを必要とする理由を明確にする。
2. 理由に合う得意分野またはアイデアを持っている。
3. 実績だけでなく理論的な裏付けもある。
4. アドバイスだけでなく自らも参加する熱意がある。
5. 柔軟性があり、その会社に合ったカスタマイズができる。
6. 経営者との相性が良い。

・伴走型支援から自走へのステップ

　伴走支援から自走へのステップ方法は以下のような手法が考案されています。

1. 対話による傾聴：対話を通して、信頼の醸成と本質的課題の把握ができます。経営者の内発的動機づけも得られます。
2. 課題の発見か強みの発見か、どうアプローチするのが有効か見極められます。
3. 多くの壁を乗り越えることで自走化に導き、自己変革力の会得を促します。

・中小企業のコンサルタント

　経営コンサルタントは、中小企業の経営者の良き相談相手になることが可能です。企業の継続的な発展を前提とした提案が求められます。伴走型コンサルタントは、対話と傾聴で、真の課題を見つけ、現場を巻き込んだ改革を経営者とともに

実現し、最終的に自走できる経営となるようにアドバイスしていきます。伴走型コンサルタントで自走できる経営を実現しましょう。

◇ **用語解説**

※1 QC工程表：製品の製造工程において、各工程の品質（Quality）管理（Control）を可視化した表です。誰がどのような方法で検査、チェックし、管理していくかなどを表します。

※2 5Mの変化点：5Mは、人（Man）、機械（Machine）、材料（Material）、方法（Method）、計測（Measurement）の5つを指し、これらの変更が品質に影響を与える可能性を考慮します。

※3 アンドン（行灯）方式：生産ラインの上部に設置されたランプ＝行灯で、工程の進捗状況や異常発生の有無などを表示します。

※4 PDCA：Plan（計画）、Do（実行）、Check（評価）、Action（改善）をサイクル化して繰り返し、改善や目標達成などに活用します。

※5 心理的安全性：職場で自分の意見を表現する際の安全性つまり安心感を指します。

※6 選択理論：W・グラッサー博士が提唱。すべての行動は自ら選択するという主張です。

※7 エンドルフィン：痛みやストレスで放出され、痛みを和らげる作用や幸福感をもたらす脳内物質です。

※8 ポジショニング派：市場で優位となるポジション選択を重視する経営学の流派です。

※9 ケイパビリティ派：差別化できる経営資源、強みを重視する経営学の流派です。

※10 人材版伊藤レポート：伊藤邦雄氏が座長の経済産業省プロジェクト「持続的な企業価値向上と人的資本に関する研究会」にて、企業経営における人材戦略についての議論をまとめた報告書です。初版は2014年、改訂版2.0は2022年5月に発表されました。

※11 ロミンガーの法則：米国の研究機関ロミンガー社の調査結果から生まれた法則です。

※12 コルブの経験学習モデル：デイビッド・A・コルブ氏が提唱した、経験から学ぶ学習プロセスのモデルです。

※13 RPA：ロボティック・プロセス・オートメーションの略で、PCなどで動くソフトウェアのロボットが、人間の行う操作を覚えて自動化・実行する技術です。

※14 ハインリッヒの法則：ハーバート・ウィリアム・ハインリッヒ氏が発表した法

則で、労働災害の分野で「同じ人間が起こした330件の災害のうち、1件は重い災害があったとすると、29回の軽傷、傷害のない事故を300回起こしている」という経験則です。

◇ **参考文献**
- 柴田昌治『なぜ会社は変われないのか』日経BPマーケティング2003年
- リチャード・P・ルメルト、村井章子著『良い戦略悪い戦略』日経BPマーケティング2012年
- ピーター・M・センゲ『最強組織の法則（The Fifth Discipline）』徳間書店1995年
- ピーター・M・センゲ、枝廣淳子、小田理一郎、中小路佳代子『学習する組織』英治出版2011年
- 高間邦男『学習する組織』光文社2005年
- 根本孝『ラーニング組織の再生』同文館出版2004年
- 野中郁次郎・竹内弘高著『ワイズカンパニー』東洋経済新報社2020年
- ウイリアム・グラッサー『グラッサー博士の選択理論（Choice Theory）』アチーブメント出版2000年。
- ピーター・F・ドラッカー、訳：上田惇生『ドラッカー名言集仕事の哲学』ダイヤモンド社2003年
- ピーター・F・ドラッカー、訳：上田惇生『経営者に贈る5つの質問』ダイヤモンド社2017年
- フィリップ・コトラー、訳：木村達也『コトラーの戦略的マーケティング』ダイヤモンド社2000年
- ヘンリー・ミンツバーグ、ブルース・アルストランド、ジョセノ・ランペルト、監訳：斎藤嘉則『戦略サファリ第2版』東洋経済新報社2013年
- 牧田幸裕『ポーターの「競争の戦略」を使いこなすための23問』東洋経済新報社2012年
- 守屋洋『孫子の兵法』三笠書房1984年
- NPOランチェスター協会『図解で身につく！ランチェスター戦略』中経出版2011年
- 後藤一喜・山本覚『売れるロジックの見つけ方』宣伝会議2014年
- 堀公俊『ファシリテーション入門』日本経済新聞社2004年
- 堀公俊『ビジネス・フレームワーク』日本経済新聞社2013年

- 堀公俊『問題解決ファシリテータ』東洋経済新報社2003年
- 堀公俊＋加藤彰『ディシジョン・メイキング』日本経済新聞社2011年
- 堀公俊＋加藤彰『ワークショップ・デザイン』日本経済新聞社2008年
- 森時彦『ファシリテータの道具箱』ダイヤモンド社2008年
- 森時彦『ザ・ファシリテーター』ダイヤモンド社2004年
- CTIジャパン『コーチング・バイブル』東洋経済新報社2002年
- 畑村洋太郎『失敗学のすすめ』講談社2005年
- 畑村洋太郎『最新図解失敗学』ナツメ社2015年
- ティム・ブラウン『デザイン思考が世界を変える』早川書房2014年
- 佐宗邦威『デザイン思考の授業』日本経済新聞出版本部2020年
- ダイヤモンド・ハーバード・ビジネス編集部『ベンチマーキングの理論と実践』ダイヤモンド社1995年
- ダイヤモンド・ハーバード・ビジネス・レビュー編集部『新版動機づける力』ダイヤモンド社2009年
- ハーバード・マネジメント・アップデート編集部・ハーバード・マネジメント・コミュニケーションレター編集部『対話力』ダイヤモンド社2006年
- 野中郁次郎『賢慮のリーダー DIAMOND ハーバード・ビジネス・レビュー論文』ダイヤモンド社2015年
- 遠藤功『新幹線お掃除の天使たち』あさ出版2012年
- 遠藤功『現場力の教科書』光文社2012年
- 一條和生、徳岡晃一郎、野中郁次郎『MBB：「思い」のマネジメント』東洋経済新報社2010年
- 有馬淳、丸山研二、渡部信雄『「改革」を変える』日経BP社2014年
- 田坂広志『暗黙知の経営』徳間書店1998年
- ドロシー・レナード、ウォルター・スワップ、池村千秋訳『「経験知」を伝える技術』ランダムハウス講談社2005年
- 細野一雄『経験知の継承から協創へ』文眞堂2024年
- 中原淳、金井壽宏『リフレクティブ・マネジャー』光文社2009年
- 松尾睦『「経験学習」ケーススタディ』ダイヤモンド社2015年
- 山脇秀樹『戦略の創造学』東洋経済新報社2020年
- 岡田幸士『図解人的資本経営』ディスカヴァー・トゥエンティワン2024年

- 須田敏子『ジョブ型・マーケット型人事と賃金決定』中央経済社2024年
- 西村聡『役割等級人事制度導入・構築マニュアル』日本法令2013年
- 高橋克徳・重光直之『ワクワクする職場をつくる。』実業之日本社2015年
- 高山直『EQこころの鍛え方』東洋経済新報社2003年
- 三谷宏治『新しい経営学』ディスカヴァー・トゥエンティワン2019年
- 渡辺奈都子『人間関係をしなやかにするたったひとつのルール』ディスカヴァー・トゥエンティワン2012年
- ジェニファー・アーカー/ナオミ・バグドナス「ユーモアは最強の武器である」東洋経済新報社2022年

◇ 参考webサイト（すべて本書発行時です）

- 日本生産性本部　https://www.jpc-net.jp/movement/committee/jqac.html
- 中小機構J-Net21　https://j-net21.smrj.go.jp/index.html
- 事業再構築補助金サイト　https://jigyou-saikouchiku.go.jp/
- 厚生労働省　明るい職場応援団　https://www.no-harassment.mhlw.go.jp/
- 経済産業省　はばたく中小企業・小規模事業者300社
　https://www.chusho.meti.go.jp/keiei/sapoin/monozukuri300sha/index2023.html
- 東京都中小企業振興公社　人財マネジメントハンドブック
　https://www.tokyo-kosha.or.jp/support/shien/jinzai/handbook.html
- 新潟県長岡市　米百俵の精神
　https://www.city.nagaoka.niigata.jp/kurashi/cate12/kome100/kome100.html

おわりに

　最後まで本書をお読みいただきありがとうございます。

　原稿を書きながら、世の中の変化の早さを感じましたが、経営には変わらない本質があると思っております。それは「学び続けること」と「笑顔になること」です。ブログ「笑顔経営塾」をまとめた本書で少しでもお伝えできていれば幸いです。

　企画からお世話になった株式会社幻冬舎メディアコンサルティングの田中大晶様、横内静香様ありがとうございました。経営セミナー開催でお世話になった小倉誠様、福八経営デザイン株式会社大堀浩様、福永伸一様ありがとうございました。また、私を見守ってくれた家族に感謝します。

　本書をお読みになった方が、少しでも笑顔になればこのうえない喜びです。

2025年3月　霜田　眞

〈著者紹介〉

霜田眞（しもだまこと）

1954年宮城県生まれ。福島高校、東京大学法学部卒。富士通株式会社で総務全般、経理、法務などのコーポレート部門業務を経験。富士通ホーム＆オフィスサービス株式会社では、風土改革を推進。経験学習で幹部社員を養成する実践塾、ファシリテーション塾、コーチング塾、各種対話会などを企画実践。2019年退職後は行政書士霜田眞法務事務所を開業するとともにリーガルフロネシス株式会社を設立。中小企業サポートとして、ブログ笑顔経営塾の連載、経営セミナーの開催、コンサルタント支援、補助金申請、契約管理全般、起業関連では、定款作成や登記からファイナンス企画・株主総会・取締役会運営・経理業務、webサイト開設などの支援を行っている。

現在：行政書士霜田眞法務事務所代表、リーガルフロネシス株式会社代表、株式会社ペプチリード監査役。

経営理論のコツがわかる
「経営を勉強しよう」と思ったら読む本

2025年3月21日　第1刷発行

著　者　　霜田眞
発行人　　久保田貴幸

発行元　　株式会社 幻冬舎メディアコンサルティング
　　　　　〒151-0051　東京都渋谷区千駄ヶ谷4-9-7
　　　　　電話　03-5411-6440（編集）

発売元　　株式会社 幻冬舎
　　　　　〒151-0051　東京都渋谷区千駄ヶ谷4-9-7
　　　　　電話　03-5411-6222（営業）

印刷・製本　中央精版印刷株式会社
装　丁　　弓田和則

検印廃止
©MAKOTO SHIMODA, GENTOSHA MEDIA CONSULTING 2025
Printed in Japan
ISBN 978-4-344-69221-3 C0034
幻冬舎メディアコンサルティングＨＰ
https://www.gentosha-mc.com/

※落丁本、乱丁本は購入書店を明記のうえ、小社宛にお送りください。
送料小社負担にてお取替えいたします。
※本書の一部あるいは全部を、著作者の承諾を得ずに無断で複写・複製することは
禁じられています。
定価はカバーに表示してあります。